La pesca en

COLECCIÓN CAZA Y PESCA

Francesco Milanesi

LA PESCA EN EL MAR

EDITORIAL DE VECCHI, S. A.

© Editorial De Vecchi, S. A. 1995

El Código Penal vigente sanciona a «... quien intencionadamente reprodujere, plagiare, distribuyere o comunicare públicamente, en todo o en parte, una obra literaria, artística o científica o su transformación o una interpretación o ejecución artística fijada en cualquier tipo de soporte o comunicada a través de cualquier medio, sin la autorización de los titulares de los correspondientes derechos de propiedad intelectual o de sus cesionarios. La misma pena se impondrá a quien intencionadamente importare, exportare o almacenare ejemplares de dichas obras o producciones sin la referida autorización.» (Artículo 534 bis, a).

El autor agradece al doctor Alberto Colla y al señor Emilio Rovetta del Tritone Sub Desenzano por el material fotográfico aportado.

En la elaboración de esta obra han colaborado el señor J. Enrique Roy Camacho y la empresa distribuidora de material de pesca, Discasa - Mister Fish, de Barcelona.

Proyecto gráfico de la cubierta: Design 3

Editorial De Vecchi, S. A.
Balmes, 247. 08006 BARCELONA
Depósito legal: B. 2.706-1995
ISBN: 84-315-1367-5
Impreso en España por
LIMPERGRAF, S. A.
Calle del Río, 17. Nave 3
Ripollet (Barcelona)

*A Antonio, el amigo y maestro
que me ha enseñado a conocer el mar.*

Índice

Introducción 11
La costa rocosa baja 15
Los aparejos 17
La pesca de fondo 20
— El equipo 24
La pesca con flotador 25
— El equipo 28
La pesca a la inglesa 29
— El equipo 31
Los cebos 33
— Cebos comerciales 34
— Cebos de pescadería 37
— Engodos 40
— Cebos naturales 42
Las escolleras artificiales 46
La pesca de fondo 48
Los aparejos 48
La pesca a la inglesa 49
La pesca con flotador 49
— El equipo 50
La pesca al toque y en pozas...................... 51
— El equipo para la pesca en pozas 53
— El equipo para la pesca al toque 53
Los cebos 53
La costa arenosa 55

La pesca de fondo	58
— El equipo	62
El *surf-casting*	64
Los cebos	65
— Cebos comerciales	65
— Cebos de pescadería	66
— Cebos naturales	68
Las desembocaduras	70
La pesca de fondo	74
La pesca a la pasada	75
— El equipo	78
La pesca a la inglesa	81
Los cebos	81
— Cebos comerciales	81
— Cebos de pescadería	81
— Cebos naturales	82
La pesca en los puertos	83
La pesca de fondo: técnica, equipo y cebos	87
La pesca a la inglesa: técnica, equipo y cebos	89
La pesca con flotador: técnica, equipamiento y cebos	92
Otras técnicas de pesca	96
Sedal para anguilas	96
La pesca con cebo vivo	97
El volantín con vela	99
Los nudos de pesca	101
Atadura clásica para anzuelos en forma de paleta	104
Nudo de juntura (1.er tipo)	104
Nudo de juntura (2.º tipo)	105
Nudo de juntura rápido	105
Atadura para anzuelos con ojal	105
Nudo para anzuelos con anilla, mosquetones, emerillones, etc. (1.er tipo)	105
Nudo para anzuelos con anilla, mosquetones, emerillones, etcétera (2.º tipo)	106

Breve introducción a la compra del equipo 107
El nailon 111
Glosario 112

FICHAS DE LAS PRINCIPALES ESPECIES 126
Anguila 127
Araña 129
Babosa 131
Besugo 133
Boga 135
Céfalos 137
— Galupe 139
— Mújol 139
— Lisa 141
Congrio 142
Corvina 144
Doncella 146
Dorada 148
Escórpora (o rescacio) 150
Gobio 152
Lija 153
Lubina (o róbalo) 155
Mármol 157
Morena 159
Perca 162
Platija 164
Salmonete (o trilla) 166
Salpa 168
Sargos 170
— Raspallón 170
— Sargo picudo 171
— Mojarra 172
— Sargo mayor (o real) 173
Tordo 175

Introducción

La pesca desde la costa es la actividad pesquera más practicada por los miles de deportistas que echan sus sedales en los mares españoles. Casi todos los kilómetros de costa de nuestro país ofrecen las más deseables condiciones para la pesca. No todas las zonas dan los mismos resultados porque la contaminación, la pesca con explosivos, la pesca profesional indiscriminada e ilegal en la costa han depauperado fuertemente el patrimonio íctico español.

Sin embargo, parece que hay algún signo de renovación y los fondos marinos hasta ayer casi desiertos parecen ir recobrando vida lentamente, muestra evidente de que algo ya se ha hecho. En realidad, aún queda mucho por hacer y la tarea del deportista es comportarse correctamente no sólo por lo que se refiere a las leyes de los hombres, sino también, y sobre todo, por lo que respecta a las leyes de la naturaleza. Veamos un ejemplo: si en pleno invierno se pesca una lubina llena de huevos, se debe desanzuelar delicadamente y volverla a echar al agua. Quizá se hará de mala gana, pero es algo que se impone, aunque ninguna ley prescriba un período de protección para la lubina.

Siempre en lo referente a las leyes de la naturaleza, otra tarea del deportista sería dejar el sitio de pesca aún más limpio de lo que se ha encontrado, teniendo muy en cuenta no malgastar nunca un ser vivo. Si no se desea retener al pescado o si este es pequeño respecto a su especie, siempre es una buena norma sacarlo del anzuelo con cuidado y volverlo a echar al agua. En el mar, para el pez, no existen medidas mínimas ni períodos de prohibición. El verdadero deportista es quien debe autorreglamentarse para no acarrear daños inútiles a un ambiente que ya está demasiado maltratado.

Por lo general, los mejores períodos para la pesca van de septiembre a diciembre y desde finales de abril a finales de mayo. Pero escogiendo atentamente el itinerario y la técnica que se ha de practicar, es posible divertirse todo el año.

En este manual examinaremos la pesca en el mar desde las costas rocosas bajas, desde costas arenosas, desde escolleras artificiales, en las desembocaduras y en los puertos. Es decir, la pesca en todos los lugares y en las condiciones más interesantes para obtener buenos resultados.

Se ha dedicado un amplio espacio a los diferentes cebos alternativos. De hecho, sabemos que algunos de los mejores no se encuentran en muchas localidades y que pueden llegar a ser muy costosos; por ello consideramos interesante para el pescador, especialmente si está empezando el oficio, conocer los posibles cebos que hay que utilizar para pescar una lubina, una dorada o un sargo y quizás buscarlos él mismo en una playa o en una escollera. Puede ser tan divertido como pescar.

Las especies ícticas consideradas aquí son las más difundidas a lo largo de los litorales de todo el Mediterráneo; aunque sea válido el dicho de que la excepción confirma la regla, la pesca del dentón desde tierra, del pez espada o del atún —por poner algunos ejemplos— es bastante improbable.

Se capturará alguno, pero no podemos aconsejar a nadie que emprenda batidas específicas si no es en algún lugar muy concreto. Por el mismo motivo, sólo hemos tratado de forma rápida el *surf-casting,* y no mencionamos el *rock-fishing* o la pesca desde las costas rocosas altas ya que dan muy poco en relación a los esfuerzos físicos que exigen tanto como económicos (un factor que no debe despreciarse), practicándose con éxito y con presas válidas sólo en muy pocos lugares. Al principiante le podemos decir que el «sentido del agua», que la percepción de la mayor o menor abundancia de peces en un lugar es innata, pero las técnicas se aprenden sólo con el ejercicio y la práctica repetida, porque nadie nace enseñado, y mucho menos en la pesca.

El mejor consejo que podemos ofrecerles es descubrir cómo pescan, qué pescan y con qué pescan los habitantes de las localidades donde nosotros vamos a pescar; a menudo, las técnicas y los equipos son primitivos pero los utilizan desde la infancia, y por ello dan el mejor resultado. Para quien no tenga la suerte de vivir en el mar, estas páginas podrán ser de ayuda, al menos este es nuestro deseo, para poderse divertir utilizando equipos más evolucionados —y por consiguiente más deportivos— en un mar que cada vez tiene menos abundancia de peces.

La costa rocosa baja

Las características de la costa rocosa baja hacen que probablemente sea el ambiente más interesante y rentable para el pescador, tanto si es experto como si es neófito.

Si el pescador, antes de montar las cañas, se pusiera las gafas de buceo y efectuase una vuelta exploradora delante de una costa rocosa baja, visitaría un verdadero acuario donde viven o van a alimentarse todas las especies de peces, aunque falten casi siempre las especies de los grandes depredadores: tiburones, atunes y algunas más, que sólo se acercan raramente a causa de la escasa profundidad del agua.

El fondo se presenta como una continua sucesión de rocas, separadas o hacinadas, limpias de arena y grava, con manchas de posidonia. Aquí la fauna íctica, cualquiera que sea la especie a la que pertenezcan, encuentra alimento, refugio, guarida, lugar de reproducción y caza. El agua del mar se divide en tres supuestas zonas: superficie, media y fondo. Cada una de ellas, según la hora, la estación, la marea y las condiciones meteorológicas, tiene especies ícticas en actividad y por tanto pueden ser acechadas por el pescador que, si se empeñara, podría pescar literalmente durante las 24 horas del día, sólo cambiando el tipo de pesca y presa. En algunos países se organizan algunos concursos de este tipo por parejas, llamados «maratones de pesca».

En la superficie se mueven róbalos, bogas, besugos, lubinas y a veces sargos, aunque con poca frecuencia. Son las mismas especies que se pescan en aguas medias, las cuales se obtienen, tanto en el primer caso como en el segundo, con flotador normal o plomado, o bien a la inglesa si el mar está movido; también puede verse obligado a pescar en mar abierto si el pez no quiere acercarse.

Aún más provechoso es el fondo, con la presencia de babosas, corvinas, doncellas, gobios, congrios, doradas, salpas, percas, sargos, morenas, salmonetes, arañas, así como de escórporas y lijas.

De ordinario, por la mañana y con mar tranquilo, se pueden pescar con éxito las especies más pequeñas, a excepción de róbalos y salpas; todos los otros peces se mueven en busca de comida sobre todo por la noche, cuando no son molestados por el exterior ni por la presencia de peces más pequeños. Si no se quiere pescar de noche, de todas formas se deberán efectuar salidas en horas antelucanas (anteriores al amanecer) para aprovechar la calma de la aurora. De cualquier modo, cabe afirmar que las mejores horas para la pesca oscilan alrededor de las 23.00 a las 24.30 y de las 4.00 a las primeras luces del alba. La luna llena casi siempre influye negativamente en la pesca nocturna pero no en todos los sitios, ya que, por ejemplo, en Istria se obtiene una mejor pesca justamente con luna llena.

El mar movido es óptimo en todas las estaciones, en especial cuando empieza a calmarse después de una tempestad. Con tal de que el mar no esté demasiado enturbiado, veremos que todas las especies más pequeñas se han ocultado en su guarida, en las cavidades más profundas y oscuras, mientras que los peces más grandes y apreciados están en plena actividad: especialmente grandes sargos y espléndidas doradas se acercarán a la costa para alimentarse de todos los apetitosos bocados que la fuerza de las olas haya arrancado de los escollos, dejándolos fluctuar entre las capas medias del agua.

Sin embargo, la costa rocosa tiene también algún aspecto negativo: normalmente es de difícil y a veces peligroso acceso, los aparejos tienen casi siempre poco equilibrio, se corre el riesgo de resbalar, etc.

Antes de decidirse a pescar, siempre se debe escoger el lugar con gran antelación, durante el día, para evitar accidentes en la oscuridad. El mar también puede provocar accidentes gravísimos y por ello deben tomarse precauciones con conocimiento de causa.

No hay duda de que el hábitat repercute en el pez. Así, tendremos que limpiar inmediatamente las presas capturadas en fondos «blandos», calcáreos o tobosos, porque se deterioran más deprisa que las capturadas en fondos graníticos (especialmente en verano). Incluso en algún caso puede cambiar el color de la piel, aunque este normalmente varía según el hábitat, siendo más oscuro para los ejemplares de una determinada especie que viven entre rocas o en las posidonias, y más claro para los que van por fondos arenosos o fangosos. Es sólo una cuestión de mimetismo.

Los aparejos

La pesca con aparejos es sencilla y económica. Para fabricar este utensilio, uno de los más antiguos. bastan sólo unos 50 m de nailon enrollados en una tablita de corcho, y un anzuelo.

Pueden ser de dos tipos: ligeros o pesados, según el pez que queramos pescar, Con los aparejos pesados se intenta la captura de congrios, morenas y lijas.

Se preparan generalmente unos diez, con nailon de 0,50 o 0,60 mm de diámetro, enrollado al menos unos 20 cm en tablitas de 10 cm de largo y 2 de espesor, para evitar que el nailon se doble demasiado y facilite la formación de enredos. Al final del nailon se monta un anzuelo Mustad, calidad 2315 del n.º 7 o su equivalente.

El extremo sin anzuelo del sedal se ata a la tablilla de corcho mientras el otro extremo se fija con una muesca en el corcho o clavando el anzuelo.

Los otros accesorios necesarios son una linterna, mejor si es un frontal (es decir, como las montadas sobre los cascos de los mineros y fijadas con gomas, que dejan libres las manos), un salabre de mango largo para recoger las presas y una redecilla para contenerlas.

Si se quiere utilizar un cubo para recoger los peces capturados, también es necesario un *knocker* o bastón corto para matarlos, porque de lo contrario, una vez libres, saltarían al agua.

La técnica de pesca es muy sencilla, aunque requiere una cierta práctica: una vez anzuelada una sarda, una boga o sólo la mitad de ellas (depende de las dimensiones del cebo), se desenrollan unos 30 m de sedal. El nailon debe estar en el suelo en espirales ordenadas sobre las que, por ningún motivo, deben colocarse los pies porque se enredarían. Seguidamente, con la mano derecha —a menos que sea zurdo— se coge el sedal a 1 m aproximadamente del anzuelo y se realiza un movimiento rotatorio cada vez más rápido. Cuando se «siente» que la velocidad alcanzada por el cebo es suficiente, se deja libre el extremo del sedal que, arrastrado por el peso del cebo, va a caer al fondo mar adentro. Después de las primeras dos o tres experiencias todo va bien y no se presentan problemas. Además, el diámetro del nailon hace que las posibles operaciones del devanado sean sencillísimas.

Cuando el cebo ha alcanzado el fondo, se desenrolla el sedal necesario para que llegue hasta una grieta, una hendidura o cualquier sitio que permita fijar la parte sobrante del sedal, de modo que la presa no huya con él. En este momento nos alejaremos 10 o 15 m y repetiremos la operación hasta que todos los aparejos estén en posición empezando a controlar desde el primero si algún pez ha picado.

El procedimiento con el aparejo ligero es idéntico, pero

Lanzado de un aparejo en el ocaso; para esta técnica las horas nocturnas son las mejores (foto F. Milanesi)

naturalmente cambia tanto el diámetro del nailon como el del anzuelo; además, a veces puede ser necesario lastrar el sedal con plomo si el peso del cebo no es suficiente para poder lanzar el aparejo. En este caso, se pueden utilizar plomos de diferentes formas y manera, pero de peso no superior a 30 g. El nailon será del 0,35-0,40, con anzuelos de gancho o de cualquier forma en número variable según la talla media de los peces presentes en la zona en la que estamos pescando. Siempre es bueno utilizar el aparejo ligero en fondos limpios, es decir, sin rocas o suciedad, que puedan hacerlo enganchar obligándonos a tener que romperlo para recuperar al menos el nailon.

Una vez encontrado un sedal en tensión que se agita debido a la presencia de un pez en el anzuelo, lo primero que hay que hacer es efectuar el clavado, es decir un estirón con el brazo para que el anzuelo se introduzca bien en la boca del pez. A continuación se libera y se realiza la recogida del sedal, es decir, dar nailon a la presa para evitar que esta, si sus dimensiones se lo permiten, pueda arrancar el sedal. Si se tienen manos delicadas, se deberá recoger con guantes gruesos, porque el nailon puede cortar la piel y la carne llegando hasta el hueso. Con esta técnica, en invierno se pueden capturar peces de más de 10 kg. La tracción debe ser firme y continua, teniendo cuidado para que no se enrede el nailon recogido.

Siempre es conveniente pescar en pareja, para alternarse en la tarea de extraer la presa y colocarla en el salabre. Este tiene que ser largo, con boca ancha y fija, y con mango de aluminio. Es más incómodo, pero no se doblará en el momento menos oportuno. El salabre tiene que estar fijo, sumergido en el agua mientras quien sostiene el sedal hace entrar a la presa en su red. Una vez obtenida, se saca el cebo y se vuelve a lanzar en busca de otra.

La pesca de fondo

La pesca de fondo es la técnica más practicada por los principiantes, pero por lo mismo no se debe creer —como erróneamente y con demasiada frecuencia sucede— que sea las más sencilla o la más rentable.

Como su nombre indica, consiste en pescar con el cebo y el lastre apoyados en el fondo, para capturar a los peces que viven o se encuentran en las proximidades del fondo, donde buscan su comida.

Se trata de la babosa, la doncella, el gobio, el congrio, la dorada, la perca, la morena, el sargo, la lubina, el tordo marino, la araña o el salmonete.

Como puede verse, se trata de la mayoría de las especies ícticas, pero las de dimensiones menores deben pescarse preferiblemente con flotador, mientras que los congrios y las mo-

La pesca de fondo da los mayores resultados con contramarejada (foto F. Milanesi)

renas se capturan con los aparejos porque las guaridas y cavidades donde se refugian obligan a utilizar equipos muy pesados.

Para ser practicada satisfactoriamente, la pesca de fondo exige un buen conocimiento de los fondos cercanos al lugar de pesca, mediante una exploración con la mascarilla de submarinista, o bien después de haber efectuado largas pruebas, lanzando sólo un lastre para identificar los grupos de posidonias, las rocas, las fisuras, etc. Las gafas polarizantes son también un accesorio muy útil, porque gracias a ellas, desde arriba y si el agua está limpia, los fondos se «leen» con bastante facilidad.

La técnica prevé la colocación de un cebo en una zona de alimentación de la forma más natural posible, para vencer la desconfianza de la presa que la engulle: en este caso su presencia será señalada con los movimientos de la puntera de la caña, que se agitará debido al forcejeo del pez.

El riesgo es que el cebo, lanzado a ciegas, quede escondido bajo las algas o las posidonias, permaneciendo inútilmente en el fondo.

Otros riesgos se encuentran en las frecuentes obstrucciones de los aparejos durante la recogida, con pérdida de los finales o despunte de los anzuelos, o bien por el hecho de que la presa logre esconderse en una guarida de la que será casi imposible que salga, especialidad propia del sargo mayor, que llega a escoger rocas cortantes para refugiarse.

Naturalmente, esto sucede con mayor frecuencia en las zonas más batidas por los pescadores, donde el pez ya desconfía por las frecuentes experiencias negativas y traumáticas de las que ha sido objeto. Además, cabe subrayar que numerosas variedades de peces, entre los que se encuentra el sargo, poseen una memoria genética (hecho probado por los ictiólogos) por lo que no sólo no vuelven a caer en el mismo error, sino que además memorizan una técnica de defensa y la transmiten a sus descendientes.

Esto significa que la pesca de fondo es quizá más difícil que otras técnicas aparentemente más complejas y, aun pudiendo dar grandes satisfacciones, debe afrontarse sólo con un gran bagaje de conocimientos tanto técnicos como «topográficos». En la pesca de fondo, el lastre puede colocarse o bien a 1 m por encima del anzuelo o bien al extremo de sedal.

En el primer caso, el lastre se fija con un emerillón, y encima de él se coloca un trocito de tubo de goma para proteger el nudo teniendo el anzuelo atado a un final que también se asegura al emerillón. Con frecuencia, dicho final tiene un diámetro inferior al del sedal principal. Así, en caso de obstrucción se pierde sólo el final.

En el segundo caso, normalmente se usan tres tramos cortos (de unos 10 cm), siempre de diámetro inferior, colocados a unos 30 cm uno del otro, con el plomo a 30 cm del último. De esta forma se evitan enredos y el sedal se extiende bien en el fondo multiplicando las posibilidades de que piquen.

De la pesca en agua dulce nos llegan unos tipos de lastre tanto final como anterior que reducen las posibilidades de que se atasquen; estamos hablando de bailarinas o similares. Estos lastres, durante la recogida, tienden a levantarse y a pasar por encima de los obstáculos. Pero su defecto es que acusan mucho la fuerza de la corriente.

Así pues, la solución ideal es intentar localizar exactamente las zonas de arena o de grava del fondo cercanas al lugar de pesca, teniendo en cuenta que si se lanza justo encima de una zona clara, después debe dejarse el arco abierto y correr sedal, porque de no ser así, el lanzamiento se «acorta», y el cebo va hacia la orilla y llega hasta las rocas o las posidonias.

Una vez comprobado que se ha lanzado correctamente, se coloca la caña bien apoyada entre las rocas y se espera a que piquen.

Como ya se ha dicho, a menudo es la puntera de la caña la que señala la llegada de la presa, de modo que por la noche se suele fijar a la caña una luz química *(starlite)* que sea bien visible.

Pescando durante el alba o el ocaso, cuando el mar y el viento están calmados, personalmente prefiero evitar poner el nailon en tensión y lo dejo flojo, puesto que hay peces como la dorada y el sargo que tienden a hacer girar varias veces el cebo antes de engullirlo. Estos movimientos se transmiten a la puntera y entonces, o el pez siente la resistencia del lastre y de la caña y se va, o bien el pescador recoge, asustando al pez, que igualmente escapa.

Con el sedal flojo, el pez tiene algunos centímetros de «juego» (pero él no lo sabe) sin el más mínimo impedimento. Si pica, se agitará el nailon y se tendrá tiempo de empuñar la caña, recoger hilo, si fuera necesario, para después acabar de recoger cuando se tenga la certeza de que la presa ha engullido el cebo y el anzuelo.

Las presas pequeñas como salmonetes, babosas, gobios y escórporas también se pueden capturar con la técnica de fondo, pero utilizando cañas que, en agua dulce, están pensadas para el *ledgering*. Son cañas anilladas o telescópicas con la puntera muy sensible y coloreada para señalar mejor cuando un pez pica.

Utilizando lastres muy ligeros, de unos 10 o 15 g, es posible divertirse pescando peces muy pequeños para que todo quede en el ámbito de la deportividad. Pero un buen pescador, incluso con aparejos muy ligeros, siempre será capaz de coger una presa de buena talla.

Sin embargo, se debe efectuar una selección de las presas en el momento de elegir los cebos y los anzuelos. Así pues, es posible saber, a priori, si se capturarán gobios, doncellas, tordos marinos y babosas o si se deberá esperarse con temor la violenta sacudida de la dorada, quizá durante algunas noches seguidas. Si no somos muy expertos, la pesca de fondo es una técnica que requiere mar tranquilo y se debe practicar, como casi todas, por la noche, al alba o en el ocaso.

EL EQUIPO

Las cañas para la pesca de fondo requieren una medida entre los 3 y 3,50 m, deben ser de acción media, es decir, capaces de lanzar de 40 a 70 g de plomo; de hecho, más que la potencia y el hilo es importante la precisión. En el mercado abundan numerosos modelos de las marcas más conocidas, todos con un notable nivel de calidad y a precios más que accesibles, pues son de fibra en lugar de grafito; es importante verificar que las anillas para el hilo sean de cerámica o de carbono. Los carretes deben ser modernos, es decir, tener capacidad suficiente, con bobina cónica para facilitar los lanzados y enrollar mejor el hilo, con recogida rápida o muy rápida (1:5,

1:5.6) y ser lo bastante potentes como para recoger una buena presa o soltar el sedal atascado. Y por último, inoxidables. Se cargarán con un monofilamento de buena calidad, preferiblemente si es super, de 0,35 de diámetro y máximo de 0,40. Ya hemos indicado cómo deben ser los diferentes lastres. Los emerillones tendrán almohadillas, sin mosquetón.

Los finales, de 1 m de largo aproximadamente si tienen un solo anzuelo, y de 1,30 si tienen tres, serán de diámetro inferior, alrededor de 0,25. Por lo que respecta a los anzuelos, en la actualidad es imposible ser precisos. Hasta hace pocos años casi siempre se utilizaban sólo los Mustad, mientras que hoy han llegado al mercado excelentes productos del Extremo Oriente, cada uno con su numeración. Así pues, indicaremos la calidad y el número de los Mustad y cada pescador podrá regularse con los equivalentes Gamakatsu, Katana, Kamasan, etc.

Para todos los peces de talla mediana, optaremos por el Mustad calidad 2315 n.º 14 (sargos, lubinas, arañas). En cambio, para las doradas se deberán utilizar los anzuelos de gancho, de acero inoxidable, equivalentes al de la misma serie pero del n.º 10 anzuelando el mejillón, mientras que con los otros cebos, el n.º 14 irá perfectamente. Cuando se verifique la presencia de doradas, hay que prestar atención porque a menudo rompen, como si se tratara de un mondadientes, los modernísimos anzuelos afilados con procesos químicos.

Para los peces más pequeños, aunque no se utilicen cañas de *ledgering*, van bien los anzuelos de calidad 2315, pero del n.º 16 o 17. Pescando de día también se pueden utilizar anzuelos mucho más finos, tipo Lion d'Or o VMC, de los n.ºs 8, 10 e incluso 12.

La pesca con flotador

Pescando con flotador y, naturalmente, con caña y carrete, se pueden pescar todas las especies ícticas en las proximidades de las costas rocosas excepto congrios, morenas y arañas. Por lo que se refiere a estas últimas, hay que hacer una distinción, ya que con frecuencia se capturan los ejemplares más jóvenes. Plomeando el flotador con precisión, el pescador puede hacer «trabajar» el cebo en las proximidades de la superficie, en las aguas del medio, o bien cerca del fondo. Solamente en determinados casos, como veremos, se prefiere utilizar el cebo inglés, que de todos modos es también un tipo de pesca con flotador, aunque muy especial.

En los últimos años se han dado pasos gigantescos en lo que a tecnología de pesca se refiere y en la actualidad son extremadamente sofisticados; los hay para la pesca en aguas tranquilas o movidas, diurna y nocturna, etc. De cualquier modo, el principio sigue siendo el mismo: consiste en colocar el flotador en el sedal, para sostener el anzuelo y el cebo a la profundidad deseada. El exceso de fuerza en la flotación es absorbido gracias a un lastre de plomo de diversas formas que con su peso facilita los lanzamientos. Sobre el flotador hay una antena de diferentes colores (negro, rojo, amarillo, etc.) más o menos visible según la luz y los reflejos del agua. Algunos modelos para la pesca nocturna poseen un espacio para colocar la luz química *(starlite)*.

El sedal, en el momento del lanzamiento, no puede ser más largo que la caña por motivos físicos obvios, y por ello, teniendo que hacer trabajar el cebo a profundidades superiores a los 4 m (o un poco más, según la longitud de la caña), se utilizan los flotadores deslizantes, que están provistos de dos pequeñas anillas dentro de las que se desliza el sedal y están fijadas por un nudo de hilo de algodón a la profundidad deseada.

La desaparición del flotador indica que un pez ha cogido el cebo con la boca. Debido a que algunos peces tienen la mala costumbre de darse cuenta al instante de que algo no marcha bien cuando echan el bocado, al desaparecer el flotador se debe efectuar un tirón rapidísimo. El error más común en los pescadores es lanzar muy lejos, dejando un exceso de hilo entre el pescador y el flotador. Así, cuando el señalizador desaparece, con el tirón no se hace más que levantar un poco de nailon. El pez se da cuenta del engaño y escapa.

En cambio, la unión entre pescador-caña-flotador-final debe ser continua, teniendo el sedal casi en tensión o al menos recogido; el hilo nunca debe sobresalir en la superficie del agua. Sólo así la respuesta del pescador cuando el pez muerda el cebo podrá ser eficaz.

Así pues, los lanzamientos se efectuarán a una distancia de tres o cuatro veces respecto a la longitud de la caña. Si tiene que salir más, es mejor pasarse a la pesca a la inglesa (véase pág. 29). En cambio, el pescador, teniendo en cuenta la corriente, deberá llevar a cabo un grumeo eficaz para tener las presas a tiro de sedal. La pesca con flotador se puede practicar siempre, excepto cuando el mar esté demasiado movido, pero asegura una gran diversión con mar tranquilo.

De día serán más frecuentes las presas menos importantes (bogas, besugos, varios peces de roca, etc.) mientras que por la noche, se intentará la captura de lubinas, sargos, corvinas y doradas.

La pesca con flotador provisto de *starlite* ofrece una atracción especial de la que no se escapa ningún pescador.

Muchos peces tienen la tendencia de agitar el flotador antes de hacerlo desaparecer; estos poquísimos segundos son muy valiosos para el pescador, que debe aprovecharlos para recoger el poco nailon sobrante y prepararse para responder al hundimiento del señalador con un tirón rápido; por lo general, los peces más violentos al picar son también los más pequeños y los menos valiosos.

Pescando con flotador se mantiene la fricción casi cerrada, abierta sólo lo necesario para no romper el sedal, para facilitar la penetración del cebo en la boca del pez, que con frecuencia es muy dura; pero debemos abrirla con rapidez cediendo nailon para evitar su rotura si la presa, como esperamos, es bastante grande y difícil de combatir con ella.

Los aparejos, pescando con flotador, dejan entrever un final en el que está montado el anzuelo, más fino que el sedal principal. A menudo esto es causa de la pérdida de una buena presa. Mejor pasar a hilos con sección ligeramente más fina y montar el anzuelo directamente en la línea.

EL EQUIPO

Salvo rarísimos casos, la pesca con flotador desde la costa rocosa baja se efectúa con cañas de lanzado (tipo boloñesa), armadas con anillas y carrete.

Las cañas deberán ser de acción media (es inútil pescar con equipos demasiado rígidos), de 5 a 7 m de largo, con acción de punta, capaces de lanzar hasta 10 a 15 g.

Los carretes deben ser resistentes, inoxidables y con bastante potencia. Fiables, sin pretender requisitos especiales puesto que no deben efectuarse lanzados exageradamente largos; se cargarán con nailon de diámetro variable, de 0,20 a 0,25, según la talla media de los peces que se espera encontrar en la zona.

La gama de flotadores presentes en el mercado es vastísima; sin embargo, diremos que son preferibles los que permiten montar la *starlite* y son un poco abombados.

En relación con la «fuerza» del flotador estará el plomeado, constituido generalmente por una *torpille* y por uno o dos balines (o bien bellotas de adorno troceadas).

Los emerillones que hay que poner entre el sedal principal y el final no deben tener características especiales, aunque los mejores son los de barril. No deben ser del tipo con mosquetón.

Los finales, de 1 m de largo aproximadamente, tendrán un

diámetro inferior al del sedal principal, y para la pesca en aguas muy limpias se debe utilizar el 0,15 o 0,14. Si necesitaran diámetros aún más finos, es mejor pasar a la pesca a la inglesa, explicada a continuación.

Pescando de día y sabiendo que las presas son bastante pequeñas, montaremos anzuelos proporcionados: tipo Crystal o VMC del m 14 o, a lo sumo, del m 10. Por la noche se debe aumentar el diámetro del sedal principal y de los finales y por ello también aumenta la dimensión de los anzuelos. Usando cebos finos como las larvas de mosca o delicados como la gamba de roca, se utilizarán anzuelos tipo Lion d'Or o VMC del n.º 7 o incluso del 9, porque son finos; en cambio, utilizando cebos como la membrana de holoturia, los mejores serán siempre los famosos Mustad cal. 2315 n.º 14 o similares de otras marcas, teniendo en cuenta lo dicho acerca de la dorada (véase pág. 25).

La pesca a la inglesa

Como el nombre indica, esta técnica nació en Inglaterra, país con muchas virtudes pero con un clima no muy agradable, y se ha afirmado rápidamente en todo el mundo, primero en agua dulce y posteriormente en el mar.

Su principal atractivo está en que permite pescar con precisión incluso en condiciones de fuerte viento y con agua movida.

Se trata de una evolución de la pesca con flotador que se basa en los siguientes principios: la caña, a menudo de tres piezas anilladas, tiene como máximo 4,20 m de largo y está montada con anillas pequeñas y frecuentes; el carrete viene cargado con nailon autofondante del 0,18 como máximo, y los flotadores son larguísimos (30-40 cm), con la parte inferior abombada y lastrada, y la parte superior que termina en una larga antena, de la que debe asomar desde el agua sólo el par de centímetros terminal.

En lugar de estar fijados en el sedal por dos tubos de goma o por dos anillitas, los flotadores a la inglesa tienen sólo una anilla bajo la parte abombada por la que se desliza el sedal. Pueden estar fijados o hacerse deslizar y fijarse en la profundidad deseada a través de un nudito, pero su uso ideal, en el mar, no rebasa los 4 m.

En cada flotador hay unos números; por ejemplo: 8 + 2. Esto significa que el flotador está lastreado con 8 g y que para obtener la puesta a punto ideal se deben añadir otros 2 g con los *dinsmore*, unos balines de plomo partidos para realizar la pesca a la inglesa.

Con esta técnica, una vez que ya se tiene la práctica, se puede llegar a los 70-80 m de lanzado, y tiradores cebadores permiten grumear a la distancia deseada. Efectuado el lanzado, se recogerá un poco de hilo hasta que el flotador desaparezca (la característica de la pesca a la inglesa es que el flotador se sumerge bajo tracción), y se lleva la puntera de la caña al nivel del agua.

De este modo, el sedal está completamente sumergido y no siente la fuerza del viento. Asimismo, el flotador también lo está, salvo los 2 o 3 cm que sobresalen y que no son capaces de mover todo el señalador.

De ello se deriva que con el equipo y la técnica a la inglesa, podremos pescar peces a mucha profundidad en caso de buen tiempo, en lugares donde los otros pescadores no llegan, y que podremos pescar incluso con el mar encrespado, una característica típica del verano mediterráneo durante el día.

Sin duda ésta será la técnica preferible para bogas, besugos y sobre todo céfalos, cuando no quieren acercarse a tierra. Pescando correctamente, el contacto entre el pescador y el anzuelo es continuo y permite tirar con una rapidez desconocida en las otras técnicas; además, debido a que la mayor parte del lastre está en el flotador, el pez no siente ninguna resistencia que pueda hacerle sospechar, venciendo su desconfianza.

Aunque el equipo sea aparentemente ligero y frágil, si es de buena calidad es capaz de soportar la resistencia incluso de mújoles de talla máxima (8-10 kg). Es preciso aclarar que el pescador que tiene la suerte de encontrar en su caña una presa similar no debe dejarse llevar por el apremio, sino hacerle frente con calma hasta que esté al alcance del salabre. Además, la gran sensibilidad de la caña hace que el esfuerzo por recoger peces pequeños sea muy gratificante.

Los accesorios indispensables son: un portaflotadores (nosotros aconsejamos los tubos portaplanos para delineantes, que cuestan poquísimo) y unas gafas polarizantes para eliminar los reflejos y divisar la antena del flotador a varios metros de distancia.

Antes de obtener las prestaciones ideales se debe practicar la técnica del lanzado y del clavado, cosa normal en todas las técnicas que se aparten de lo acostumbrado, pero una vez lograda ya no se abandona a pesar de que sea un poco incómoda. La cañas mejores —salvo algunas telescópicas muy costosas— son anilladas y al menos tienen 1,20 m de largo desmontadas; los flotadores son largos y frágiles, pero las virtudes superan con mucho a los pocos defectos.

La pesca a la inglesa es típicamente diurna; de hecho, por la noche se pesca mucho más cerca de la orilla y el pez es menos desconfiado.

EL EQUIPO

Las cañas, como ya hemos señalado, son de un tipo especial; las longitudes más indicadas van de 3,90 m a 4,20 m, con anillas de excelente calidad, de carbono, grafito o porcelana para el hilo. La potencia de las cañas debe permitir lanzar al menos 25 g.

Los carretes deben ser de bobina cónica, inoxidables, muy rápidos y no necesariamente potentes; se cargarán con nailon de 0,14 a 0,20 (rara vez de 0,20, más a menudo de 0,16 o 0,18). La gama de flotadores de que se dispone es vasta, para poder hacer frente a cualquier necesidad: se debería partir de un 5 + 1 para llegar a un 20 + 3.

Los flotadores deben adquirirse por pares para tener siempre uno de reserva en caso de pérdidas o roturas.

Por lo que se refiere a los *dinsmore* (plomos blandos), bastarán dos cajitas: una de AAA (o sea, de 0,85 g por balín) y otra de SSG (81,85 g cada uno).

También se necesitan emerillones con mosquetón y barril muy pequeños, indispensables para evitar enredos en las largas y rápidas recogidas.

Para los finales, se llega hasta el diámetro de 0,10, para superar la desconfianza de los grandes céfalos y de los besugos.

Los anzuelos tienen que ser de la última generación, afilados químicamente, finos y pequeños: 12, 14 e incluso 16. Pescando con las bolitas de pasta de pan y queso se puede pasar a dimensiones de hasta el 10, pero es una excepción que puede costar cara en cuanto a las capturas. Cuando no se pescan voraces depredadores o si se pesca con un flotador, siempre debemos recordar que el anzuelo pequeño también coge peces grandes, mientras que el anzuelo grande a veces no coge nada. En los comercios se encuentran tiradores que pueden lanzar lejos para grumear a decenas de metros de distancia; cuestan más pero son más efectivos.

Finalmente, el salabre, que es un implemento importantísimo pescando con aparejos tan ligeros y finos, debe tener una empuñadura muy larga, para evitar que las presas puedan deslizarse entre las rocas y romperlo todo. Al mismo tiempo debe ser lo bastante resistente como para levantar del agua peces de varios kilos, como pueden pesar algunos céfalos.

Los cebos

Hablar de cebos, en la pesca marina, no es un asunto complejo pero en cambio muy vasto; son muchos los cebos eficaces y su procedencia muy diversa. Así, tenemos los cebos propiamente dichos, que se compran en las tiendas de pesca (por ejemplo la tita), otros que se compran en la pescadería (por ejemplo, las anchoas), mariscos o crustáceos que se cogen directamente a lo largo de la costa (como los mejillones) y las pastas o engodo, normalmente de producción propia, o sea, realizadas por el pescador usando ingredientes normales de cocina.

La mayor parte de los cebos que se compran en las tiendas es especialmente válida; además, resulta una comodidad poderse aprovisionar con cebos que siempre son frescos. Pero por desgracia, pocas veces es así. En la mayor parte de las localidades marinas, excluyendo las ciudades, es dificilísimo encontrar algo más y mejor que el llamado *cebo vivo*, un anélido marino ya poco eficaz cuando es fresco como no sea para los peces de roca menos melindrosos, que se vende normalmente —sin respetar las indicaciones— ya muerto y pestilente, y en consecuencia, es poco atrayente. En estas condiciones es mejor comprar algo en la pescadería o pasar algunas horas buscando en la propia naturaleza el cebo adecuado para la pesca que se haya programado.

La pesca desde las costas rocosas es la que presenta mayor variedad de presas y también de cebos utilizables; los presentaremos junto con la forma de colocarlos en los anzuelos, integrando en capítulos sucesivos lo referente a los cebos ya examinados.

Cabe subrayar que son pocos los cebos que gustan a todos los peces: quizá sólo la gamba de escollo tiene esta prerrogativa aunque la dorada, por ejemplo, no la aprecie especialmente.

También es verdad lo contrario, o sea, que existen cebos altamente selectivos; es útil conocerlos para cuando queramos conseguir pocas presas (o quizá ninguna) pero muy calificadas.

Un buen consejo sería que antes de escoger un cebo, es conveniente hablar con los pescadores del lugar. Quizá no sea fácil obtener confidencias y en ese caso se deberá mirar «por el rabillo del ojo» con cierto disimulo pues muchos años de pesca continua con un determinado cebo pueden haber logrado que la cosa más improbable, como un trozo de queso, se convierta en un cebo mortal.

CEBOS COMERCIALES

LARVA DE MOSCA

También es conocida como *asticot*. En estado natural es blanca, de 1 cm de largo aproximadamente, con una extremidad aplanada y una puntiaguda, la cola y la cabeza respectivamente.

Debe conservarse en un lugar fresco, porque de no ser así, en pocas horas pasa a un estadio en el que forma un capullo duro y marrón para transformarse después en una desagradable mosca verdosa. Al utilizarla es oportuno llevar a cabo un importante grumeo.

Proveniente de aguas dulces, ha empezado a emplearse desde hace poco en el mar, donde es el cebo más difundido, pero también se ha demostrado que es mortal para muchas apreciadas especies marinas como sargos, corvina, céfalos, besugos, etc.

Se anzuelan varios ejemplares de la mosca en anzuelos finos, haciendo deslizar una ensartada de la cola a la cabeza en

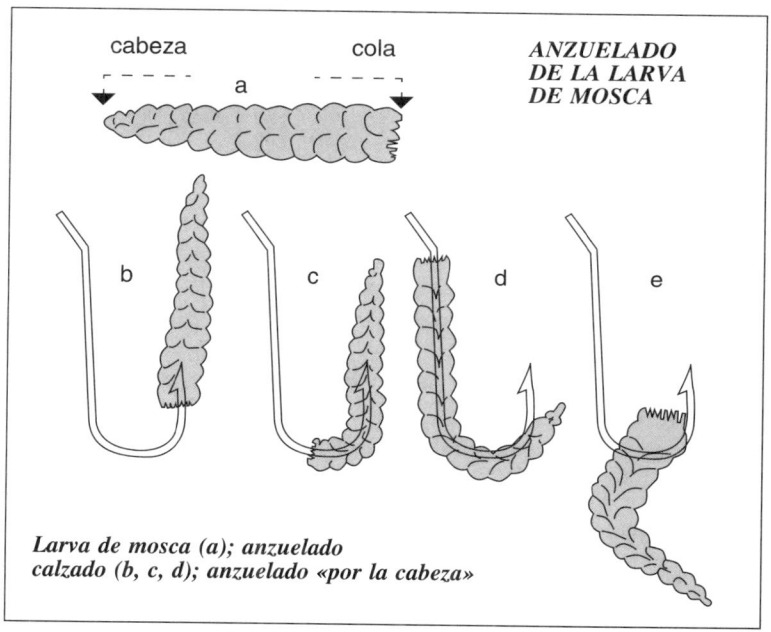

Larva de mosca (a); anzuelado calzado (b, c, d); anzuelado «por la cabeza»

el pie del anzuelo para cubrirlo (se denomina *calzado*) y dos o más sólo por la cola, de manera que los cuerpos y las cabezas se queden colgando y en movimiento. Estas últimas deben cambiarse con una cierta frecuencia para que estén siempre vivas y sean atrayentes.

TREMOLINA

Anélido marino que vive en el fango de la faja marina, en las proximidades de los residuos de los alcantarillados. Se encuentra en las tiendas de pesca o se puede coger personalmente, con tal de que nos avergonzamos a excavar con una pala en el fango maloliente. Cebo bastante eficaz, que le gusta a numerosas especies de peces y puede compararse con la lombriz de tierra. Debería anzuelarse entera, calzada, en anzuelos con pie largo, dejando que cuelgue sólo 1 cm como máximo, para evitar que los peces se lleven sólo el segmento sobresaliente.

TITA

Cebo delicadísimo, cilíndrico, con un diámetro variable de 8 a 30 mm; se coloca en anzuelos especialmente finos (tipo Crystal).

Tiene la característica de volverse fosforescente durante las horas nocturnas.

Su precio es muy variable. No se conserva y durante la pesca debe mantenerse en un cubo de agua.

Se trata de un cebo indicado sólo para el sargo real.

GUSANO DE RIMINI

Anélido de hasta 3 cm de largo, de diámetro variable hasta 30 mm aproximadamente, su característica es que se captura atrayéndolo con un trapo restregado en heces humanas, por las que parece tener gran predilección.

Apreciado por todas las especies más buscadas, no se encuentra fácilmente.

Se anzuela a trocitos cortados desde la cola subiendo hacia la cabeza; se prefiere la compra de ejemplares vivos y no conservados, que no mueren hasta que no se llega a la cabeza. Hay que tener cuidado porque muerde.

AMERICANA

Gusano estadounidense (proviene de Florida), es muy parecido a nuestra lombriz, pero muerde con energía. De hasta 12 cm de largo, se coloca calzándolo en anzuelos de pata larga.

Este anélido está indicado para la pesca nocturna de sargos reales, corvinas y doradas.

Cordela brasileña

Gusano de más de 1 cm de largo, muy bello por su color rosa vivo, tiene un diámetro de 5 o 6 mm. Se anzuela cortando unos trozos a partir de la cola, calzándolo en anzuelos más bien finos.

Tiene la característica de echar «sangre» o un líquido que se le parece muchísimo y que resulta muy atrayente para salmonetes, sargos y otros peces pequeños de roca.

Coreana

Cebo rústico y resistente, de color verde, provisto de patitas, de 8-10 cm de largo. Se corta en pedazos partiendo de la cola. Muy barato, es un cebo indicado para la pesca genérica de muchos peces poco apreciados.

Muriddu y muriddu portugués

El primero es más tierno, el segundo más consistente. Es un gusano plano, de unos 4 cm de largo, que debe colocarse entero en anzuelos pequeños o medianos. Es polivalente y puede atraer tanto al sargo como a la doncella.

CEBOS DE PESCADERÍA

En la pescadería se pueden comprar crustáceos, moluscos y pescados. Entre los crustáceos, las gambas son los más utilizados. Se pela la cola, se corta un trocito suficiente para cu-

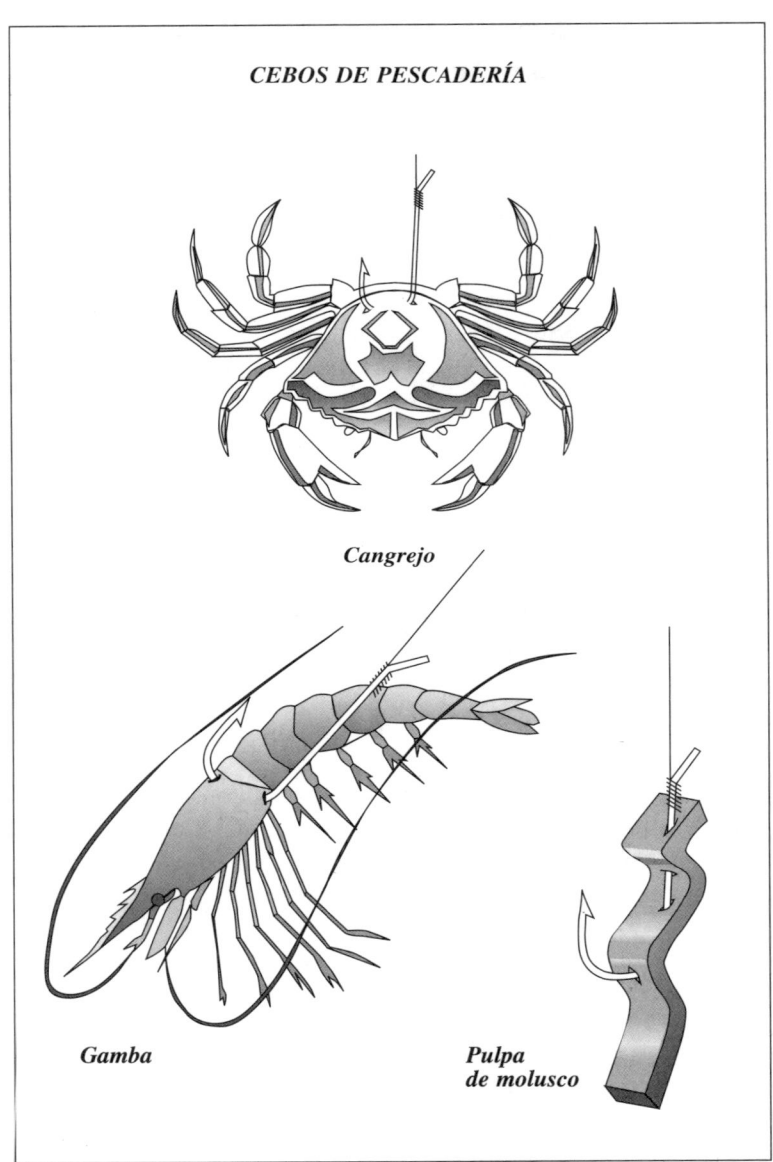

brir el anzuelo y ya está listo. Su defecto reside en que gustan a todos los peces, incluso a los menos apreciados (salvo congrios y morenas) y por ello dan pocas satisfacciones respecto a su coste, que es muy elevado. Siempre es mejor utilizar ejemplares frescos.

Para los moluscos, encontramos interesantes los calamares, las jibias y las sepias. Si son muy pequeños se anzuelan enteros, si no, se cortan unas tiras del cuerpo. Normalmente, los tentáculos no son muy apreciados sino por congrios y morenas. Dichas tiras se «cosen» en el anzuelo, pasando su punta varias veces dentro del tejido muscular y extendiéndolas en el anzuelo de manera que este quede cubierto y sobresalga sólo la punta.

Muy eficaces como cebo son las sardinas, las anchoas, tanto frescas como saladas. También se colocan en anzuelos de pata larga con un procedimiento análogo, pero una vez realizado el anzuelado con la cola del pez cebo dirigida hacia el sedal principal, es oportuno hacer un nudito con el mismo sedal de manera que la mitad del pez anzuelado esté bien pegada a la pata del anzuelo.

Naturalmente, si se quieren pescar peces pequeños, en lugar de media caballa o media anchoa, se anzuelará un filete de 1 o 2 cm de largo en un anzuelo de menor proporción.

Mientras que las tiras de molusco son muy resistentes, los peces cebo se deterioran rápidamente en el anzuelo, a veces incluso al efectuar el lanzado cuando el pescador no es muy experto.

Cada vez que el lanzado no haya sido efectuado correctamente, será necesario recoger el sedal y verificar las condiciones del cebo, cambiándolo sin pereza si se hubiera deteriorado o movido de su posición en el anzuelo. En estas condiciones, un ataque por parte del pez llevaría sólo a la pérdida del anzuelo y de la presa.

También se pueden utilizar peces-cebo congelados, que no

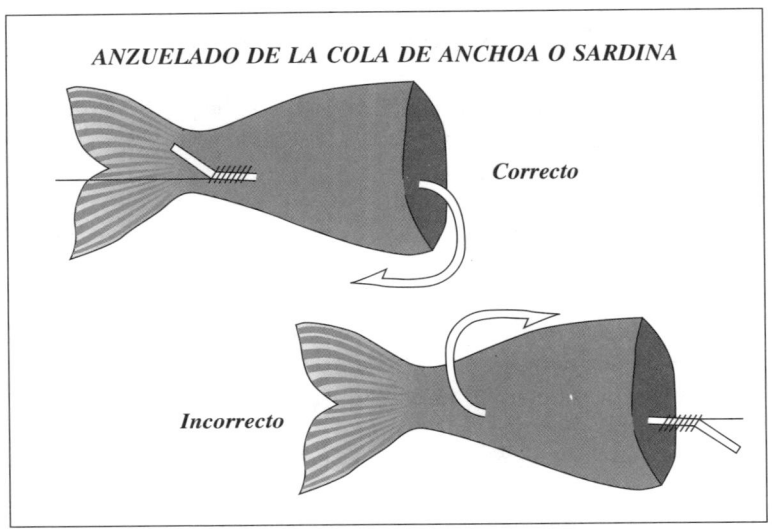

atraen tanto como los frescos pero que de todas formas son eficaces; durante la descongelación se recubren con sal gruesa para que la carne se vuelva compacta, evitando que se deshaga. Siempre cubiertos con sal gruesa se conservan durante algunos días con el inconveniente de que despiden un fuerte olor.

ENGODOS

La pesca con engodos o masillas está perdiendo adeptos gracias a la llegada de la larva de mosca, del pan de pesca y de algunas pastas industriales agregantes, o sea, capaces de quedarse en el anzuelo en forma de bolita al ser amasadas con agua y que, además de ser atrayentes, realizan la función de cebo.

De todas formas, son muchos los que prefieren este tipo de cebo que, generalmente, a causa de su olor no muy agra-

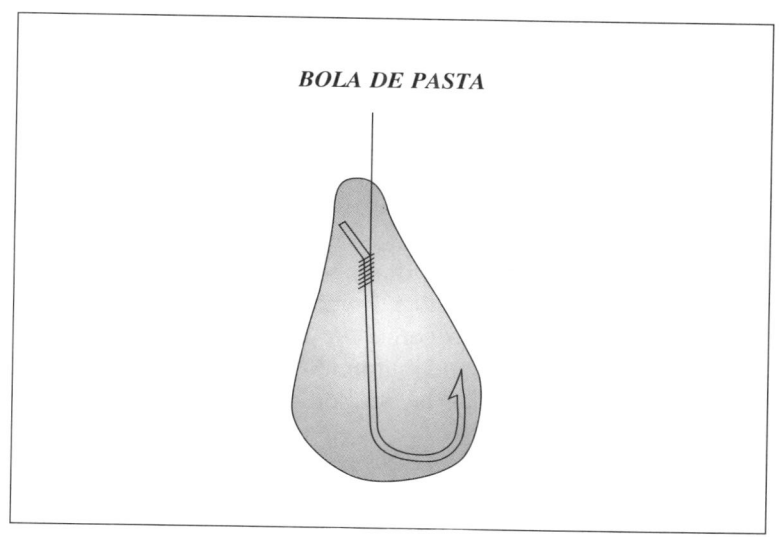

dable, siempre está en desventaja con el resto de la familia.

En la práctica, se trata de utilizar como base la miga de pan, que se amasa durante un buen rato con quesos grasos y olorosos (por usar un eufemismo), como un cabrales que esté estropeado, costras de queso de oveja y parmesano ralladas, sardas (sobre todo las entrañas) trituradas, hasta obtener una pasta homogénea y pegajosa (como la pasta de la pizza), de la que se puedan hacer bolitas para fijar al anzuelo.

Las pastas gustan sobre todo a céfalos y besugos pero no debe excluirse la posibilidad de que guste a algún sargo, con frecuencia de talla mediana-pequeña. A menudo, las salpas y las bogas también sienten fascinación por la pasta.

Durante la preparación del engodo o pasta está terminantemente prohibido fumar; los fumadores que quieran prepararlo primero deben lavarse muy bien las manos para sacar el olor de nicotina y después enjuagarlas para eliminar el perfume del jabón. Tanto uno como otro desagradan a todos los peces. No es posible determinar las cantidades exactas, ya que cada pan tiene una consistencia diferente; lo importante es obtener un resultado como el descrito. En las ciudades costeras y en las tiendas más abastecidas se venden cebados agregantes que, en paquetes cerrados, no son molestos para el olfato. Las bolsitas sólo se deben abrir en el momento en que se pesca, su contenido se amasa con un poco de agua de mar, se forman las bolitas y se ahorran así muchos problemas (y dinero).

Debido a la dificultad de encontrar estos cebados agregantes en localidades de veraneo, también es posible conseguirlos antes y llevárselos durante las vacaciones.

CEBOS NATURALES

LAPA

Molusco univalvo que se encuentra en casi todas las escolleras del litoral mediterráneo. Se prefieren los ejemplares con cáscara plana y frágil, sin estar recubierta de algas, cuyo cuerpo tiene un color gris, distinto de los que aparentemente son más interesantes, grandes y con el cuerpo rosado. Estos últimos son demasiado duros y los peces sólo se los comen muy de vez en cuando. Las lapas se cogen separándolas (haciendo palanca en un borde con un cuchillo pequeño de punta redondeada). Se mantienen bastante bien en el anzuelo y son considerados un cebo polivalente aunque no muy eficaz.

MEJILLON

Sin concha, gusta a todos los peces excepto a los congrios, las morenas y las lubinas, pero no se agarra bien al anzuelo. Cuando estemos seguros de la presencia de doradas, se fuerzan ligeramente las valvas, se introduce un anzuelo de acero de manera que la punta se inserte en la materia filamentosa (el fleco de algas que asoma por el mejillón) y se deja que las valvas se vuelvan a cerrar. En este momento se raja una valva y se lanza a un fondo limpio. Se utilizan para la pesca de fondo. Da buenos resultados sólo en algunas zonas.

Paguro

Llamado también *ermitaño*. Este molusco no tiene concha, por lo que ocupa los caparazones de conchas muertas, especialmente las del género «conos». Se reconoce fácilmente puesto que, en las sinuosidades, justo cuando una sombra oscurece la luz, se ve cómo de las conchas salen unas patitas e intentan escapar rápidamente.

Se coge con una redecilla o con las manos. A pesar del aspecto de araña con patas y de las tenazas que sobresalen de la cáscara usurpada, es inofensivo. Es un óptimo cebo para doradas, sargos y corvinas. Hay que romper delicadamente la cáscara, extraer todo el animalito y anzuelarlo con cuidado para no matarlo de inmediato. Es más indicado para las horas nocturnas, porque de lo contrario, todos los peces pequeños se lanzan sobre este cebo y alejan a las presas más interesantes.

Gamba de roca

Este cebo mortal vive en los hoyos, entre las rocas, refugiándose en las sinuosidades más oscuras. Fino, semitransparente, con un fondo ligeramente grisáceo, largas estrías longitudinales negras y largas antenas, está muy difundido a lo largo de todos los litorales rocosos del Mediterráneo donde no se haya extinguido por la contaminación. Se pesca poniendo unas redecillas en las cavidades alimentadas por la marea o por las olas —pero en condiciones de calma—. En los comercios se

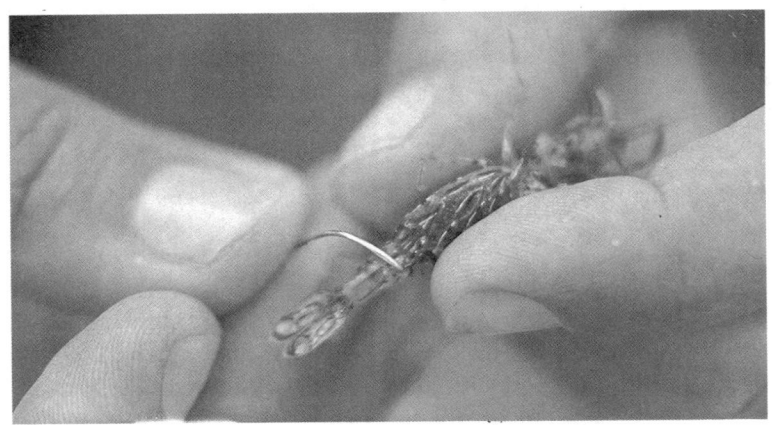

Anzuelado correcto de la gamba de roca (Foto F. Milanesi)

encuentran redes de malla metálica para este fin, atadas a una cuerdecita lo suficientemente larga como para levantarlos y volverlos a echar en los hoyos. Dentro de la redecilla se colocan unas raspas o cabezas de pescado (son excelentes los restos de bacalao) y se espera. Pocos minutos después, las gambas salen y acuden al festín preparado para ellas. Cuando haya entrado algún ejemplar en la redecilla, se saca rápidamente fuera del agua con la cuerdecita. Se aprovechan los que tengan por lo menos 15 mm de largo, volviendo a echar al agua los demás; aquellos que sirvan como cebo se colocan en un cubo con agua de mar y se siguen recogiendo en un hoyo cercano. El cubo tiene que estar cubierto con una tablilla o con un trapo porque estas gambas dan unos saltos considerables tanto desde el agua como en las rocas.

Es excelente anzuelada de noche pescando con flotador; atrae a todos los peces más interesantes excepto a la dorada, a la que no parece gustarle mucho. Se coloca en anzuelos de pata fina sólo sujeta por la cola, porque debe estar vivo. Para pescar lubinas debe trabajar a medio metro del fondo aproximadamente.

HOLOTURIA

Este animal es conocido con diferentes nombres, casi todos vulgares, que reflejan su forma. De hecho es un cilindro de 5-8 cm de diámetro y de 30 cm de largo como máximo, de color marrón más o menos oscuro. Vive en el fondo del mar y se coge con las manos. Sólo se utiliza la membrana interna que se extrae de la siguiente forma: con un cuchillo grande y afilado se desechan los dos extremos y se corta el cuerpo a lo largo. Se eliminan las entrañas y se ve, en el interior, una membrana gris claro manchada de marrón o de negro. Se separa fácilmente con el cuchillo y se corta en pequeños rectángulos que se colocan en el anzuelo. Es un cebo muy selectivo, que gusta a sargos y doradas. Muy resistente y deseado, no es necesario que recubra por entero el anzuelo. No atrae a los peces pequeños.

Preparación de la holoturia para la pesca; la membrana punteada se separa fácilmente usando la hoja de un cuchillo (foto F. Milanesi)

Las escolleras artificiales

Las escolleras artificiales están realizadas por el hombre como refugio de puertos, muelles, playas y todo lo que se vea amenazado por la furia de las olas. Hasta hace pocos años, para realizarlas se utilizaban rocas y escollos extraídos directamente del mar, provocando un notable daño al ambiente. Actualmente, por fortuna, se utilizan materiales de cemento. Cualesquiera que sean los materiales utilizados para la construcción de estas barreras, son siempre excelentes lugares para la pesca, y cuanto más «antiguos» son, mejor; de hecho, en el curso de los años se enriquecen de vida animal y vegetal fija que contribuye a formar las primeras anillas de la cadena alimentaria; además, las muchas sinuosidades y huecos que posee son el refugio y la guarida de muchísimas especies ícticas.

Cuando las escolleras artificiales se levantan de fondos fangosos o aún mejor arenosos, son inmediatamente elegidas como morada por las variedades ícticas típicas de roca; en algunos rompeolas han aparecido corvinas y lubinas, que eran casi desconocidas tanto para los pescadores aficionados como para los profesionales de la pesca.

Lógicamente, la fauna marina también será el espejo de la situación y reflejará la duplicidad del ambiente: la costa rocosa y con fondo arenoso o fangoso. Así pues, tendremos peces de guarida, de paso, de fondo rocoso y de fondo arenoso, desde besugos a corvinas y desde doradas a bogas, pasando por salmonetes y arañas. Salvo las anguilas, presentes sólo si en las cercanías se encuentra la desembocadura de un curso de agua dulce, todas las especies ícticas de las que hablamos en este volumen están allí representadas y por consiguiente, se podrán practicar todas las técnicas de pesca. Una particularidad del pez que frecuenta las escolleras artificiales es que no alcanza casi nunca gran tamaño; a excepción de las lubinas en invierno y los céfalos en todas las estaciones, pero en general es difícil efectuar capturas de peces grandes. Debido a que en la pesca hay pocas leyes fijas, sin duda será posible que en el Mediterráneo se encuentren escolleras artificiales en las que convenga practicar el *surf-casting* (véase pág. 64) con equipos sobredimensionados, pero en general será más fácil llenar la cesta de bogas, gobios y babosas, doradas de hasta 1 kg, sargos de 200-300 g, etc.

Esta consideración nos llevará a seleccionar en seguida los aparejos y los equipos para pescar lo mejor posible en lugar de hacerlo con sistemas sobredimensionados, donde por «sistema», entendemos el conjunto caña-carrete-sedal-anzuelo. Ciertas escolleras son zonas de pesca tan famosas que incluso tienen servicios de transbordadores para llegar a ellas, otras son campos de competición fijos o casi fijos, mientras que en otras está prohibida la pesca o incluso el acceso. Así pues, antes de decidirse a pescar, es oportuno informarse exactamente sobre las posibles normas establecidas por la Capitanía de Puerto local.

Pescando en las barreras rompeolas de los puertos se debe tener mucho cuidado, especialmente de noche, porque el paso de barcos puede provocar olas en un mar tranquilo, que son aún mucho más peligrosas por lo inesperadas. Los mejores momentos para cualquier tipo de técnica son los que siguen inmediatamente a los días de las marejadas, cuando se dice que hay «contramarejada», también idóneos para la pesca desde la costa rocosa baja.

Son también los momentos más peligrosos para el pescador, con rocas mojadas, resbaladizas debido a la alfombra de algas y otros organismos que el viento y las olas han transportado. Se debe acceder a estos lugares con mucha prudencia, especialmente en invierno, cuando una caída imprevista en el mar puede provocar la muerte a causa del estorbo de las ropas pesadas y de las botas, que impiden nadar incluso a los pescadores más jóvenes y vigorosos.

Una buena noticia para todos es que en las escolleras artificiales se pesca siempre, de día y de noche, en verano y en invierno. En este caso tampoco es posible decir exactamente qué variedades se cogen más en un mes que en otro, aunque en las fichas que ofrecemos más adelante se indican a modo de orientación los meses mejores para la pesca de las especies más prestigiosas.

Como es lógico, la calidad de la carne de los peces capturados en las escolleras que se encuentran delante de los puertos será siempre mediocre, debido al hábitat que no es ni cristalino ni incontaminado. Al limpiar el pescado, será indispensable eliminar una película negruzca y viscosa de la cavidad ventral, que se parece al petróleo (se dice que justamente la produce el petróleo). Pudiendo escoger, las escolleras mejores son las que se colocan como protección de playas en lugar de los puertos, con tal de que en estas playas funcionen las depuradoras.

La pesca de fondo

Véase pág. 20.

Los aparejos

Véase pág. 17.

La pesca a la inglesa

Véase pág. 29.

La pesca con flotador

Por lo que se refiere a la pesca con flotador, caña y carrete, vale exactamente lo mismo que se ha dicho para la pesca desde las costas rocosas bajas (véase pág. 25). Pero desde las escolleras artificiales también podremos pescar con caña fija (telescópica desnuda), una técnica sólo en apariencia más sencilla que la técnica con caña y carrete pero en realidad más sofisticada y laboriosa —incluso físicamente— si se practica bien. Pero también debemos decir que sin lugar a dudas es la técnica que dará mayores satisfacciones, no tanto por «lo» que se atrapa, sino sobre todo por «cómo» se atrapa, y se lleva al salabre.

En la pesca con caña fija, es de gran importancia el grumeo, porque obviamente el cebo sólo puede llegar a pocos metros del pescador y no se pueden seguir los bancos de peces. Así pues, es importante lograr retenerlos en las proximidades de nuestro lugar de pesca.

Las presas más comunes de la pesca con caña fija y flotador son: sargos, salpas, bogas, besugos, doncellas, tordos marinos y céfalos.

A veces se pueden capturar, especialmente con contramarejada, sargos reales y doradas. Las lubinas, por la noche o en pleno invierno, también pueden picar en el sedal de una caña fija, pero debido a las pocas posibilidades de hacerse con el pez, es mejor evitar los anzuelos que podrían atraer a grandes presas, que casi siempre acabarían rompiendo los aparejos.

En agua dulce, la caña fija es el «gimnasio», la escuela

gracias a la cual el pescador se forma para pasar después a la caña de lanzado y a otras técnicas. En cambio, en el mar, sugerimos que se pesque con caña fija sólo cuando se tenga un profundo dominio del equipo. Manejar una caña larga de 7 a 11 m, con sedal fino de la misma longitud, lastrada con 3 o 4 g, no es algo que pueda hacerlo cualquier iniciado, especialmente con el viento de frente y con contramarejada.

EL EQUIPO

Por lo que se refiere a las cañas provistas de carrete, véase lo dicho para la pesca desde la costa rocosa baja (véase pág. 28).
Para la pesca con caña fija, se utilizarán cañas de fibra de carbono (salvo cuando amenace tempestad porque atraen a los rayos), de 7 a 11 m de largo.
El sedal debe ser 10-20 cm más corto que la caña, de manera que levantándola, el anzuelo o el pez lleguen directamente a la mano. Nunca será más larga, porque de otro modo es muy difícil recoger las presas. Cuando el agua esté limpia, se realizará con un buen monofilamento del 0,14, o incluso del 0,12 si no hay grandes ejemplares y el pescador ya es experto; cuando el agua esté turbia se podrá pasar al 0,16.
El flotador, perfectamente lastrado de manera que sólo sobresalga la antena, podrá ser de una de las muchas formas disponibles actualmente para la pesca en aguas estancadas, tanto quietas como encrespadas o movidas.
Dado que no se intenta la captura de grandes peces, se utilizarán anzuelos del 12 o del 14.
El plomado puede realizarse con una *tourpille* y un balín para fijarlo, o bien con el sistema escalado (por ejemplo, 5 balines justo debajo del flotador; 20 cm más abajo 4 balines agrupados; 20 cm más abajo 3 balines agrupados, etc., hasta llegar a un «bigote» del anzuelo de al menos 70 cm de largo).

Por lo general, es aconsejable montar directamente el anzuelo en el hilo de línea; si fuera dificultoso montar anzuelos tan pequeños, se intercalará un emerillón al que se asegurará el final ya listo por una parte, y la línea por la otra. Pero será importante tener la certeza de que los anzuelos estén montados con monofilamento de una buena marca.

Otros accesorios importantes son: el desembuchador, para evitar que se pierda un anzuelo con cada presa; el salabre, que siempre debe ser ligero (no prevemos peces importantes), con empuñadura larga, telescópico, de fibra de vidrio; una redecilla portapeces, cómoda de manejar; y el vestuario: en primer lugar el calzado, que debe asegurar un excelente equilibrio en las rocas. De hecho, hay que recordar que somos nosotros quienes debemos ir en busca del pez y no al contrario, el resto debe ofrecernos confort pero también la libertad de movimientos necesaria en caso de caída al mar.

La pesca al toque y en pozas

Esta técnica, típica de la pesca desde las escolleras artificiales y a veces practicada (aunque sin mucho éxito) desde las costas rocosas bajas, puede y debe ser dividida en dos ramas diferentes que requieren equipos completamente diferentes.

La primera se practica en las pozas de la escollera, tanto con mar tranquilo como movido, y está dirigida a la captura de ejemplares de talla pequeña como gobios, babosas, sargos, escórporas, etc., en resumen, todos los peces pequeños que están en las hoyas justo debajo de la faja marina. El equipo es sencillísimo y la técnica consiste en apoyar el cebo en el fondo, quedando a la espera de los «toques» de las presas.

Es una pesca errante, puesto que se deben sondar, uno después de otro, todas las pozas de la escollera: una buena ocasión para un paseo saludable y también un discreto esfuerzo físico a lo largo de las rocas. Sólo debe llevarse encima lo necesario, para reducir al mínimo los estorbos y dar mayor agilidad al pescador.

Puesto que el gasto para equiparse es mínimo, la pesca de poza puede ser considerada un excelente camino para acercarse a la pesca en el mar.

Cada una puede hospedar varios ejemplares y por ello debe sondarse a fondo, moviendo el cebo de manera que se desplace hacia cada cavidad; operación bastante sencilla de realizar utilizando una caña fija muy rígida sin flotador.

La pesca al toque en agua libre está dirigida sobre todo a la captura de sargos reales; el mejor momento para practicarla es con la contramarejada. Cuando el agua está turbia e incluso durante pleno día, ejemplares de gran talla se acercan a la costa y se quedan en las zonas medias del agua en busca de alimento. Además de los sargos, pueden «entrar» lubinas, doradas y grandes besugos.

El equipo siempre es muy sencillo (caña, nailon y anzuelo) pero la técnica es más sofisticada porque el pescador debe mandar el cebo (ideal la mitad hacia la cola de una anchoa salada) a dar vueltas fluctuando en las corrientes que se forman a causa del flujo de las olas entre los escollos, siguiendo las corrientes donde los peces estén buscando alimento. Justo cuando el pescador sienta los toques del pez, debe bajar ligeramente la caña para dar un poco de sedal evitando que el pez sienta la resistencia y efectuar el clavado cuando el nailon empiece a extenderse.

En todas las escolleras hay «sitios buenos», que los pescadores locales conocen de memoria desde la infancia. En cambio, el visitante, el veraneante, debe descubrirlos, y practicando esta técnica es oportuno reducir al mínimo los estorbos, moviéndose con una cierta frecuencia hasta obtener los primeros toques. Normalmente, los extremos de los muelles o de las barreras rompeolas son los lugares más frecuentados por el pez.

EL EQUIPO PARA LA PESCA EN POZAS

La caña no debe ser demasiado larga (4-4,50 m como máximo), muy rígida y resistente.

El sedal está compuesto por un hilo principal del 0,30, con un pequeño plomo de 10 g (o incluso 5 g si las pozas no son muy hondas), fijado hacia abajo con un emerillón.

El final debe ser de diámetro inferior, 0,20 o 0,25, y debe estar armado con un anzuelo Mustad cal. 2315 del n.º 16. Completan el equipo un recipiente pequeño para contener los cebos, un trapo, un desembuchador y una bolsita de celofán para las presas, así como algún final de recambio ya preparado con los anzuelos.

EL EQUIPO PARA LA PESCA AL TOQUE

La caña debe ser de excelente calidad, fija, con acción de punta, mejor si es de carbono (cuidado con los rayos), y tener de 7 a 9 m de largo.

El sedal será de un nailon super del 0,30 y 20-30 cm menos largo que la caña, con un anzuelo Mustad cal. 1902 I del n.º 14 o del n.º 16 (también con equivalentes de otra marca), que con su pata larga son ideales para sostener la media anchoa salada o fresca que se aconseja utilizar en este tipo de pesca. Es indispensable el salabre con empuñadura larga.

Los cebos

Debido a que la fauna íctica que frecuenta las escolleras artificiales es prácticamente la misma que frecuenta las costas rocosas bajas, los cebos serán los mismos. De todas formas, los cebos más utilizados son la media anchoa, la larva de mosca, los mejillones, la gamba de roca si se ha verificado la presencia de lubinas; las masillas y los rollizos y económicos gusanos de diferentes tipos para el pez de roca de menor valor.

Los trocitos de gamba de bou fresca o descongelada, pelada y cortada a trocitos son muy utilizados, puesto que también son fáciles de encontrar. Como siempre, lo ideal es dar una vuelta exploratoria para ver qué cebo es el más utilizado por los pescadores locales.

La costa arenosa

Desde que nació la pesca deportiva en el mar, son muy pocos los ambientes a los que no se preste atención, como por ejemplo, las costas arenosas. La identificación de las playas con los establecimientos balnearios, los patines, los bañistas, etc. siempre ha mantenido alejados de esta zona a los pescadores con sus cañas.

Sólo desde hace pocos años, con el empuje de nuevas técnicas provenientes de Estados Unidos, algunos pioneros han empezado a explorar estos ambientes descubriendo así notables posibilidades de capturas.

Esencialmente las presas de la pesca desde las costas arenosas son cuatro: el mármol, la platija, la dorada y la araña. En las estaciones tranquilas (es decir, cuando las playas no están llenas de bañistas) se puede pescar tanto de día como de noche. En verano es preciso pasar buena parte de las noches sin luna en las playas.

Como sabéis, el fondo de una playa disminuye lentamente; salvo excepciones, las rocas más o menos hundidas en la arena son escasas y están dispersas, a menudo lisas y sin guaridas ni formas de vida fijas. Durante las marejadas, el fondo se levanta y la arena esmerila las rocas.

Sin embargo, la misma arena del fondo es muy rica en vida: navajas, coquinas. almejas y otros moluscos bivalvos; cangrejos de arena, gambas de diferentes calidades y otros pe-

Una pequeña dorada pescada desde un puente en una ensenada arenosa
(foto F. Milanesi)

queños crustáceos con cáscara blanda; pececitos, plancton, huevos, larvas, anélidos de diferentes especies. Todos estos pequeños animales hacen que el ambiente sea rico y vivo a pesar de la apariencia desértica. Pero la falta de guaridas lleva a que en estas zonas sean imposibles las formas de vida íctica interesantes a las que les guste acercarse a las rocas, como sargos, congrios, morenas, etc.

Una quinta especie habita estos lugares, sobre todo en invierno: la lubina, presa no frecuente pero de prestigio seguro. Mientras la lubina se acerca a las playas en busca de pececitos y crustáceos que se mueven en las proximidades del fondo, los mármoles, doradas y platijas buscan sus presas justamente en el mismo fondo, llegando incluso a «excavar» con el hocico en la arena para conseguir comida. De ahí se desprende que el pescador deberá actuar de forma que su cebo se coloque en las proximidades inmediatas del fondo, reduciendo con ello drásticamente la diferenciación de las técnicas.

La presencia o la ausencia de peces en las proximidades de las costas arenosas está muy influida por las mareas y sobre todo por las corrientes. Por desgracia, cada lugar tiene corrientes diferentes y sobre todo con efecto diferente; como ejemplo tenemos que en ciertas playas del litoral mediterráneo, las corrientes de gregal (el viento viene y la corriente va, por consiguiente una corriente de gregal viene del suroeste, de siroco, y va hacia gregal, es decir, hacia noreste) hacen entrar al pez, mientras que tienen el efecto contrario en otras playas. Por ello, es posible que una determinada zona marina tenga abundancia de peces hoy y esté casi desierta mañana.

Otro factor que puede influir muy negativamente en la pesca, es el paso (prohibido pero se sigue practicando) de los arrastres por la costa. Cuando las barcas de los profesionales realizan una incursión de este tipo, platijas y mármoles desaparecen durante varios meses o incluso durante años. Por fortuna, esta plaga, que literalmente ha desertizado muchas zonas costeras de nuestra península, va atenuándose aunque por el momento no desaparece.

Hay además otros fondos arenosos, los que están delante de las pequeñas bahías que se abren en las costas rocosas bajas o altas; a menudo, el fondo es de arena de grano muy grueso, casi guijoso, y sin duda podemos considerarlos fondos poco provechosos para el pescador. Junto con la arena hay piedras, rocas, escollos, grupos de posidonias, por lo que están frecuentados prácticamente por todas las especies ícticas típicas de las costas rocosas y además por las de zonas arenosas. En resumen, hay de todo.

Allí se pesca tanto de día —en los períodos tranquilos— como de noche, con mar tranquilo o contramarejada, pero siempre con el cebo en el fondo. Si se desean utilizar otras técnicas convendría dirigirse a las escolleras cercanas, donde se multiplicarían las posibilidades de picada. En una de esas playas no valdría la pena intentar capturar bogas o pequeños besugos, sino dirigir la pesca a la captura de algún gran sargo, de doradas o de otras especies preciadas.

Para aumentar nuestras posibilidades pescaremos con una «batería» de dos o tres cañas en lugar de con una sola, dejando los cebos en forma de abanico, de manera que se pueda rastrear un mayor espacio de mar.

La pesca de fondo

Pescando desde la costa arenosa no hay que temer los enroques, puesto que el fondo no tiene casi obstáculos. Por consiguiente, el tipo de terminal que hay que utilizar será el de tres anzuelos, erguidos por brazos de 15 cm de largo como máximo, distanciados el uno del otro por 30-40 cm. El diámetro del nailon será del 0,30 para el final y para el sedal principal.

El terminal estará unido al hilo de línea con un emerillón de barril y el lastre se colocará en el fondo de todo el sistema. El peso del lastre estará determinado por la potencia de la caña y será el máximo posible, con el fin de obtener lanzados muy largos. Los anzuelos con pata corta o bien larga, según el cebo utilizado, serán los Mustad cal. 2315 o equivalentes.

Pero pescando desde las playas, entre costas rocosas altas o bajas, también se podrá reducir drásticamente la dimensión de los aparejos y de los lastres para pescar peces pequeños como las trillas. El diámetro del nailon pasará pues al 0,20, los lastres estarán entre los 5 y los 15 g y los anzuelos también serán en proporción más pequeños. No obstante, la técnica sigue siendo la misma. Se pesca con tres cañas; una vez anzuelada la primera, se lanza recto mar adentro. Se prepara la segunda y se lanza oblicuamente (más o menos 30º a la derecha), y se repite la operación hacia la izquierda.

Las cañas se colocan casi perpendicularmente al terreno, con una ligera inclinación hacia el mar, y se sostienen con los soportes de caña para terrenos arenosos.

La señal de que un pez pica la da los movimientos de la puntera (por la noche se utilizan los *starlite* para poderla tener vigilada); cuando una de las punteras da unos golpecitos, el pescador empuña la caña sacándola del apoyo y baja la puntera para dar hilo al pez. Cuando el sedal vuelve a estar tenso, levanta la caña con decisión y empieza la recogida de la presa.

La pesca de fondo es una pesca de espera y de paciencia: como en todas las técnicas, hay días buenos, menos buenos y también pésimos.

Como hemos visto, puede depender de la luna, de las condiciones atmosféricas, del viento, de la corriente, de la marea y de muchos otros factores imponderables, que ni siquiera el pescador más experto logra percibir.

En los días en que el pez está ahí pero come sin ganas, se puede intentar inducirlo a que pique por medio de una invita-

TÉCNICAS DE PESCA DE FONDO

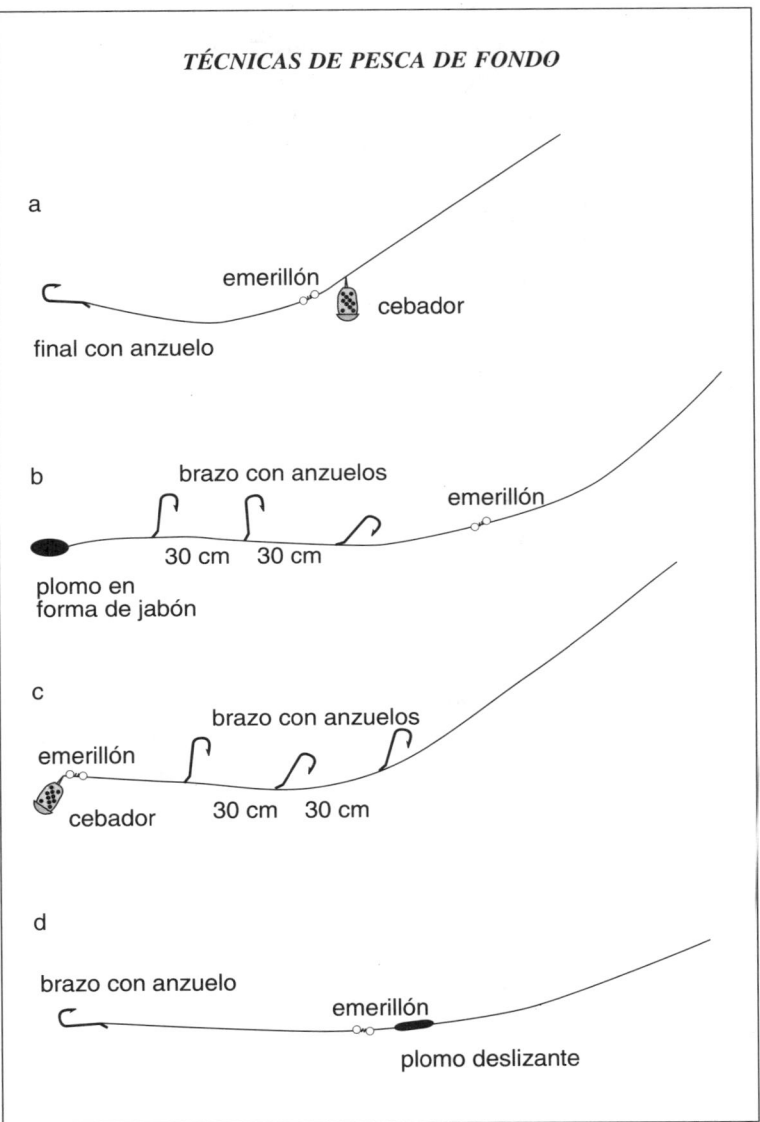

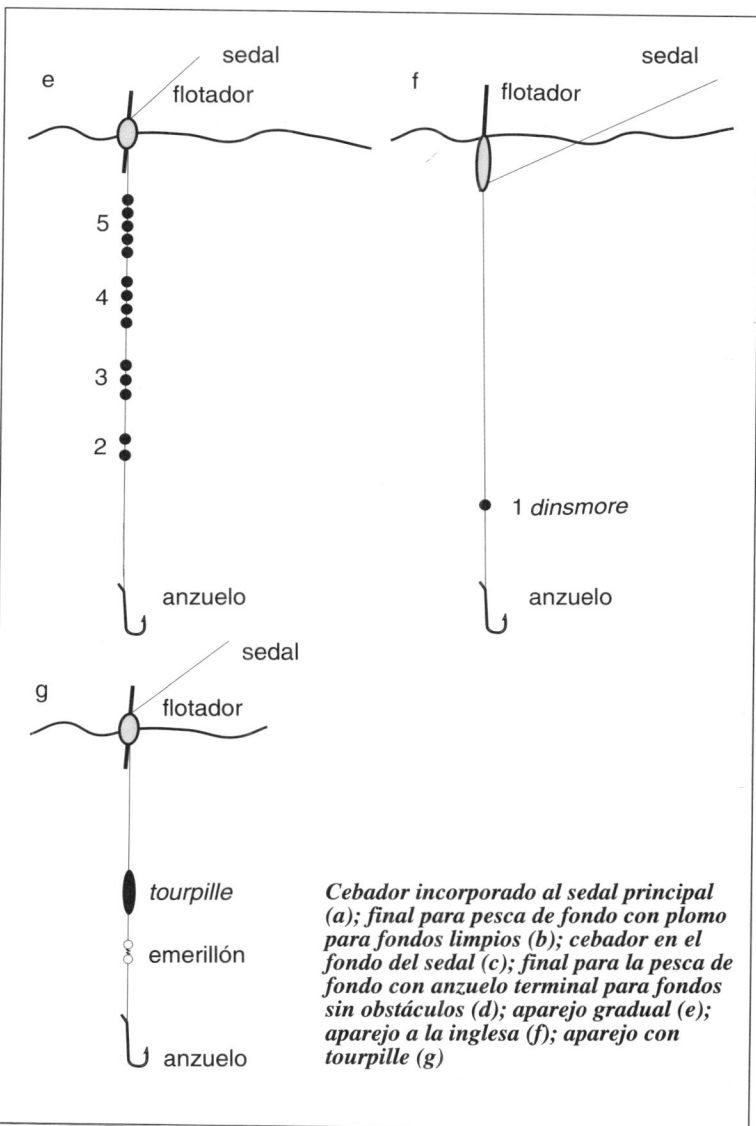

Cebador incorporado al sedal principal (a); final para pesca de fondo con plomo para fondos limpios (b); cebador en el fondo del sedal (c); final para la pesca de fondo con anzuelo terminal para fondos sin obstáculos (d); aparejo gradual (e); aparejo a la inglesa (f); aparejo con tourpille (g)

ción. Simplemente se trata de recoger 1 m de sedal (más o menos una vuelta de manivela del carrete) cada dos o tres minutos. La operación puede realizarse incluso sin sacar la caña de sus apoyos. Obviamente, el final se mueve en el fondo y el lastre, arrastrándose sobre la arena, levanta una nubecilla que atrae a los peces y los estimula a que piquen.

Otro sistema para mejorar las posibilidades es sustituir el lastre con cebadores. Se trata de contenedores que pueden colocarse tanto encima como debajo del final, de peso muy dispar (de 2-3 g a 70-100 g, vacíos), de forma cilíndrica o bien rectangular, perforados. Se rellenan de engodo, sardas trituradas mezcladas con pan rallado, larvas de mosca u otras sustancias que atraigan antes del lanzado.

El contenido es esparcido por la corriente, el pez lo sigue y llega a los cebos, picando. Es muy eficaz especialmente con los peces de banco y de talla pequeña.

La pesca de fondo desde las playas arenosas tiene un resultado muy diferente según la zona donde se practique; antes de disponerse a pescar es mejor informarse sobre el rendimiento de una playa para no perder tiempo y dinero inútilmente. También es verdad que si nos sabemos conformar, si no pretendemos capturas grandes y pescamos con equipos muy ligeros y anzuelos pequeños, se pueden llenar sabrosísimos cestos con trillas, platijas, lenguados o rodaballos incluso en agosto siempre por la noche.

Hemos incluido entre las presas a lenguados y rodaballos puesto que, pescando desde la orilla, sólo se capturan ejemplares muy jóvenes que aún se deberían dejar crecer.

EL EQUIPO

En los comercios se encuentran excelentes cañas de fondo con un peso y una potencia muy variables; se parte de las cañas de acción ligera (0-10,5-15) para llegar a las 50-70 e incluso 70-100. Estas últimas nos parecen demasiado potentes para las playas, donde difícilmente las presas son muy grandes. También se debería hablar mucho sobre la supuesta diversión del pescador cuando recoge un pez de 80 g con un lastre de 100 g (véase más adelante *surf-casting*). Y la pesca debe ser un deporte divertido.

La longitud ideal para las cañas está alrededor de los 3,50-4 m y no es necesario gastar grandes sumas en comprar cañas de carbono puesto que hay excelentes equipos en fibra de vidrio. Pesan más, pero debido a que la acción de pesca no prevé tener constantemente la caña en la mano, el detalle es completamente secundario.

Los carretes deben ser muy rápidos y su velocidad está determinada por el *ratio* (número de vueltas que la bobina realiza bajo la acción de una vuelta de la manivela): todo carrete lleva unos numeritos (por ejemplo, 1:5.6), que determinan la velocidad. En el caso del ejemplo, por cada vuelta de manivela, la bobina realizaría 5,6 vueltas. La bobina debe de ser cónica y de excelente calidad para resistir la corrosión combinada de la sal y la arena.

Los plomos, cuando no se usen cebadores, deben ser planos para que la corriente no los arrastre. Actualmente, en los comercios hay una gran variedad de plomos en especial para el *surf-casting*, con formas estudiadas para resistir la fuerza de las corrientes y de las marejadas, pero con la pesca de fondo, los antiguos (y económicos) de forma plana van muy bien. Menos bien van los otros plomos de formas redondeadas que tienden a rodar.

Un par de botas altas y un salabre con empuñadura larga completan el equipo necesario para la pesca desde las costas arenosas. Por supuesto, las botas no son necesarias si no se desea entrar en el agua.

Las luces pueden ser halógenas, de cabeza, linternas normales o bien lámparas de gas. Hay que recordar que en las playas sobra espacio y podemos equiparnos con sillas plegables y mesitas para realizar las operaciones con la máxima comodidad.

El *surf-casting*

Traducido literalmente, *surf-casting* significa «lanzar» *(casting)* en el *surf*, que es la ola provocada por la presencia de un terreno anegadizo en una costa arenosa. En la práctica, el fondo del mar se levanta hasta 2-3 m del nivel del agua a 100-200 m de la orilla para después bajar de nuevo y levantarse finalmente en las proximidades de la faja marítima.

Este terreno anegadizo no se encuentra en nuestros casi 4000 km de costa ni tampoco en otras playas del Mediterráneo. De ello se deriva la imposibilidad de practicar el *surf-casting* propiamente dicho en el *Mare Nostrum*. Hablamos de él porque desde hace algunos años están corriendo ríos de tinta sobre esta técnica —cuyo equipo es muy costoso— de proveniencia estadounidense y deseamos documentar al principiante. Faltando el *surf*, la técnica se limita a lanzados larguísimos con cañas largas y potentes, carretes con bobina rodante, plomos con forjado especial, finales complicados y anzuelos especiales.

En algunas localidades los pioneros de esta técnica han obtenido resultados muy prometedores capturando dentones, grandes lubinas y maravillosas doradas.

Pero se trata de excepciones que confirman la siguiente regla: en Italia, el *surf-casting* no compensa ni siquiera en una mínima parte los esfuerzos físicos y económicos realizados para practicarlo.

De hecho, la presa normal es el muy humilde mármol, con

una talla media de 300-400 g, al que se alternan pequeños congrios de 800 g que sólo sirven para ensuciarse las manos con la mucosidad que los recubre.

La potencia del equipamiento, necesario para lanzar 200-300 g de plomo, es tal que las presas por debajo de los 2 kg se pescan sin esfuerzo y al recogerlas no se siente ni la más mínima emoción. Y mejor no hablar de la deportividad.

El gran mérito que han tenido y tienen los que practican el *surf-casting* es que han dirigido la atención de todos a los fondos arenosos y han estudiado las corrientes, obteniendo datos interesantes para los más humildes pescadores de fondo, perfeccionando técnicas de lanzado y equipamiento.

Estos beneficios quedan reflejados en todos los pescadores, incluso en aquellos que no hablan inglés...

Los cebos

CEBOS COMERCIALES

Larva de mosca

Indicada para la pesca de pequeñas presas como trillas, platijas, arañas, etc. (véase pág. 34). Excelente con el grumeo.

Tremolina

No es muy eficaz, pero puede considerarse un cebo polivalente para peces pequeños (véase pág.35).

GUSANO DE RIMINI

Es óptimo pescando desde las playas situadas entre escolleras (véase pág. 36).

TITA

Vale lo anteriormente citado (véase pág.36).

AMERICANA

Vale lo anteriormente citado (véase pág. 36).

ARENÍCOLA

Se trata de un gusano cilíndrico, proveniente del golfo de Nápoles, de 15 cm de largo y con el diámetro de 2 o 3 mm. Se anzuela entero en un anzuelo del n.º 8 tipo Crystal torcido, y se hace de manera que el gusano forme una bola en el anzuelo. De color rojo cereza, es el cebo principal para el mármol.

CEBOS DE PESCADERIA

NAVAJA

En latín, su nombre es *Solen vagina*. Debido a que es costoso, debe considerarse un cebo de óptimo rendimiento para la lubina, a la que le gusta muchísimo, y para la dorada. Así pues, debe utilizarse cuando se verifique la presencia de estos peces tan preciados.

Tiene que ser muy fresca; se saca la cáscara, de fácil operación, y se corta a trocitos que cubran el anzuelo por entero, dejando que sobresalga sólo la punta. Se coge muy bien al anzuelo y dura por mucho tiempo.

Coquinas

Moluscos bivalvos lamelibranquios de forma más o menos trapezoidal, con concha clara y no muy gruesa. Les gusta bastante a todos los peces de fondos arenosos; se colocan de dos a tres por anzuelo, sin concha. No se cogen muy bien al anzuelo.

Almejas

Todo el mundo conoce estos moluscos, para los que vale lo mencionado para las coquinas.

Turma *(Venus verrucosa)*

Sabroso y costoso marisco con una característica concha de color gris rugoso, que gusta a todos los peces. Obviamente, debe sacarse la concha antes de anzuelarse. Se coge bien al anzuelo.

Otros mariscos

Los mariscos a la venta en las pescaderías son también válidos, algunos de los cuales se cogen muy bien al anzuelo. La única precaución que hay que tomar es verificar que en la naturaleza se encuentren en la zona del mar donde se pretenda pescar, si no el pez, al no conocerlos, los rechazará.

Gambas de bou

Son válidas y gustan bastante a todos los peces de este ambiente.

CEBOS NATURALES

HOLOTURIA

Muy apta para la pesca de mar adentro lanzando desde las playas ubicadas en medio de escolleras (véase pág. 45).

Holoturia en su ambiente natural (foto A. Colla)

ERMITAÑO

Vale lo mencionado para la holoturia (véase pág. 43).

CANGREJO DE ARENA

Es un crustáceo con cáscara semidura, de color gris amarillento, que vive en la faja marina nutriéndose de la carroña que las olas llevan a la playa. Normalmente se encuentra hundido bajo un estrato de 5-10 cm de arena y es posible caminar kilómetros sin darse cuenta de que la playa está llena de ellos.

Para conseguirlos son necesarias algunas sardas (pueden estar medio podridas), otros ejemplares de pez azul o trozos de merluza, agujas de lana (o de tejer) y un cubo.

Llegados a la faja marítima se coge una sarda, se le pasa una aguja de lana a través de los ojos y se introduce en la arena a pocos centímetros sobre el límite máximo del agua. Se sigue unos diez metros y se repite la operación hasta que se acaben los «cebos». Llegados a este punto, se vuelve atrás por el interior de la playa y se observa el primer cebo colocado, que seguramente ya estará cubierto de cangrejos listos para el banquete.

Rápidamente se cogerán el mayor número posible y echarán al cubo. Una vez realizada la operación, se deja que el cebo actúe y se pasa al sucesivo hasta tener al menos unos cincuenta cangrejos para cada pescador.

Este cebo es especialmente eficaz para la dorada, pero son muchos los peces a los que gusta y se considera de resultados excelentes.

Pero tiene que estar vivo, así pues el anzuelado deberá realizarse con cuidado: se elimina, arrancándola, la pinza más grande (la mayor) y en la abertura practicada se pasa la punta del anzuelo, que debe sobresalir sin matar al cangrejo, motivo por el cual hay que conseguir bastantes.

Permanece vivo durante algunos lanzados si se anzuela correctamente.

Los ejemplares más pequeños pueden anzuelarse haciendo pasar la punta desde abajo hasta arriba del caparazón, por la parte posterior del cuerpo.

La pinza mayor siempre debe eliminarse.

Las desembocaduras

Con el término *desembocadura* pretendemos definir la boca de un curso de agua de importancia fluvial en el mar, excluyendo con ello las zonas pantanosas, casi todas y en todas partes convertidas en parque natural y por consiguiente sometidas a limitaciones y leyes, en extremo variables bajo el aspecto pesquero, tanto que una técnica válida en una rama del delta es absolutamente improductiva en otra cercana. También que hay que tener en cuenta que para pescar en los ríos es necesaria una licencia distinta de la marítima, aunque el agua sea salada o salobre a causa de la marea.

A muchas especies ícticas les gusta quedarse especialmente en las desembocaduras de los ríos y a veces subir a ellas: es el caso de los mújoles, las lubinas, las platijas y los gobios. Las anguilas se quedan durante mucho tiempo en las desembocaduras, tanto antes de partir hacia el viaje nupcial como antes de volver a subir (se trata de los ejemplares más pequeños) para llegar a las aguas donde vivieron sus padres.

Antes de que los arrastres y la contaminación destruyeran gran parte de la población íctica del Mediterráneo, era normal ver enormes róbalos (peces semidesaparecidos) que subían durante varios kilómetros numerosos ríos; tampoco era raro capturar a la preciada trucha de mar (reo), hoy presente sólo delante de algún riachuelo.

A pesar de todo, la desembocadura es un ambiente interesantísimo desde el punto de vista de la pesca y merece ser elegida como la meta de una excursión.

Aunque el río sea grande o pequeño, las características de las desembocaduras son muy parecidas en general, ya que los cursos de agua llegan al mar provenientes del interior en costas arenosas o bajas. El río, en el transcurso de los años, deposita un estrato arenoso y/o cenagoso abundante alrededor de las desembocaduras, el agua es turbia y el flujo se ve afectado fuertemente por las mareas, tanto que a veces el agua va hacia la montaña en lugar de ir hacia el mar.

Esta dirección del agua es muy importante para la pesca, ya que en algunas zonas el pez prefiere comer cuando el agua sube y en otras cuando baja. El pescador deberá informarse antes de empezar su jornada de pesca para no perder inútilmente el tiempo.

Muy a menudo, las orillas están canalizadas o provistas de rocas, muelles, escolleras artificiales donde la pesca puede practicarse a la inglesa, con flotador, o de fondo, esta última en los alrededores de las mismas desembocaduras, con la técnica típica de las orillas arenosas.

En invierno, no es raro encontrar grandes congrios, tanto en las escolleras como en la arena y a veces, pero muy pocas, rodaballos de notables dimensiones que se acercan a la costa.

Si dejamos a un lado la contaminación, esta zona es uno de los hábitats más favorables para los peces, puesto que un fondo arenoso y fangoso es muy rico en alimento y el río arrastra gran variedad y cantidad de comida; así pues, tendremos una fauna rica, aunque poco diversificada, pero sí bien rolliza y no siempre dispuesta a picar.

En las desembocaduras, teniendo en cuenta la influencia de las mareas, se pesca tanto de día como de noche pero con presas diferentes. Mújoles, gobios y platijas serán las más frecuentes durante el día, mientras que por la noche vendrán lubinas, anguilas y congrios. La estación más indicada para la

La cabeza de un congrio asoma por una guarida; este anguiliforme pasa las horas de luz en el fondo de cavidades oscuras y sale en busca de comida durante la noche (foto A. Colla)

pesca en este ambiente es el invierno, ya que cuando las aguas se mezclan la temperatura se mantiene ligeramente más alta que en las zonas de alrededor y el fondo es más rico en alimento, de modo que la desembocadura de un riachuelo es la meta de muchos pescadores. Pero las excepciones no faltan y puede suceder que se capturen lubinas grandes durante las horas de luz y en pleno verano.

En este ambiente es también de gran importancia la tranquilidad del lugar. Si hay excursionistas, turistas, etc., si pasan embarcaciones o botes es mejor esperar a la noche o cambiar de sitio.

Sólo en las desembocaduras, la tranquilidad es importante para asegurar buenas capturas; también es indispensable el grumeo, que como veremos, se efectuará con técnicas especiales, sobre todo pescando con flotador y a la inglesa, porque el pez está «mimado» por la abundancia de alimento transportado por la corriente del río y debe ser inducido a preferir nuestros cebos y nuestra colocación. Este resultado sólo se puede obtener con un grumeo esmerado.

El pez de desembocadura puede alcanzar tallas enormes; se conocen datos de lubinas de más de 8 kg, de mújoles (única variedad de céfalos al que le gustan las aguas contaminadas de nuestros ríos) que sobrepasan los 5 kg, de congrios con más de 20. Todas ellas, presas invernales.

Con frecuencia, la calidad no es igual a la cantidad, por causa de la contaminación así como del fondo cenagoso en el que el pez vive y se alimenta. Por tanto, en el caso de las lubinas, será oportuno, especialmente si se trata de pequeños ejemplares (o sea, por debajo de 1 kg), practicar el *catch and release* (captura y suelta), o sea, liberar a la presa capturada sacándola del anzuelo y volviéndola a echar al agua.

Las aguas del río, transportando arena y fango, a menudo forma pequeñas islas o bancos en el centro de la corriente o incluso en el centro de la desembocadura; el pescador debe dejar caer los sedales en las zonas más profundas entre las pequeñas islas y la costa, donde la corriente forma a menudo movimientos extraños, con frecuentes contracorrientes submarinas y es donde la mayor parte de los peces va en busca de alimento.

Además de las ya citadas barreras de los muelles, los eventuales obstáculos sumergidos son también excelentes colocaciones (armazones de coches o de camiones arrastrados por la corriente y enterrados parcialmente, grandes troncos, etc. Es increíble lo que llega al mar a través de los ríos y se queda en las desembocaduras).

Estos escollos, que en poco tiempo se enriquecen de vida estable, son «citas», es decir, lugares siempre muy poblados de peces residentes o de paso que de alguna forma se sienten protegidos, buscan allí su alimento e incluso ponen sus huevos. Encontrar un obstáculo de tales características y, grandes dimensiones, siempre equivale a asegurarse la mitad de las presas.

La pesca de fondo

La pesca de fondo en las proximidades o en las mismas desembocaduras es idéntica a la practicada desde las costas arenosas tanto por lo que se refiere a la técnica como para los equipos y los cebos.

Es importante lanzar bastante lejos para evitar a los gobios, que mordisquean los cebos dando señales continuamente de falsas picadas sin quedarse anzuelados, puesto que tienen la boca pequeña para los anzuelos que se utilizan normalmente.

A propósito de anzuelos, si se desean pescar anguilas, es oportuno montar los Mustad cal. 3138 del n.º 1.

Son muy fáciles de atar al final puesto que tienen anilla en lugar de paleta y están torcidos, cosa que facilita la sujeción de la lombriz en el mismo anzuelo y «esconde» la punta para que así no sospeche la anguila cuando venga a picar de forma delicada.

El lastre debe tener un peso proporcionado a la fuerza de la posible corriente, de manera que el final no vaya hasta el fondo, arrastrado por las aguas.

Para la pesca de anguilas, es oportuno llevar un par de guantes de portero de fútbol o tener a mano bastantes paños gruesos para aferrar a las escurridizas presas y sacarles el anzuelo. Pero debido a que con frecuencia se recogen cuando ya han engullido el anzuelo y sus minúsculos dientes estropean el final, es mejor tener a punto varios pares. Una vez capturada la anguila, se separa el final colocando la presa en la redecilla y se engancha al emerillón otro final ya listo con ojal para que la operación se haga rápidamente.

Cuando el fondo no tiene obstáculos o estos son tiernos (algas, cañas, etc.) es mejor que los finales tengan un buen diámetro, igual o superior a la línea principal, para resistir la acción de los dientes de las anguilas que, junto con los mújoles (que también pican con esta misma técnica) y las lubinas, son las presas más codiciadas de las desembocaduras.

Cuando empieza a anochecer, los lanzados tienen que ser más largos, para acortarse progresivamente, porque las anguilas tienden a subir a flote cuando avanza la noche. El otro momento mágico es cuando va a empezar un temporal o durante el mismo, y también de día.

La pesca a la pasada

El término *pasada* indica el paso del aparejo —y por consiguiente del cebo— delante del pescador bajo la acción de la corriente.

Para llevarla a cabo, se lanza aguas arriba, se hace extender bien el aparejo en la superficie del agua de manera que baje rápida y correctamente, y se recoge cuando, una vez realizado un trayecto de 15-20 m, el aparejo se encuentra aguas abajo. Se practica en el momento en que la corriente del río hacia el mar es considerable, si no la línea se dejará más o menos fija y se pescará a la inglesa. Es la clásica pesca que se practica en los ríos del interior transportada a las aguas salobres, con algunas variantes. Si en el interior y en la mayor parte de los casos, el sedal debe llevar el cebo a que entre en contacto con el fondo, en la desembocadura de un río, se debe buscar al pez en sus zonas de asentamiento.

Los céfalos y los mújoles se buscarán en la parte más su-

Un gobio en su ambiente natural (A. Colla)

perficial de las aguas, mientras que en el fondo picarán sobre todo gobios y a veces platijas, aunque estas son presa más común de la pesca de fondo.

Para no crear problemas, el sedal debe ser lo más sencillo posible, especialmente cuando el cebo tiene que pasar rasando el fondo. Si se desean pescar gobios (debido a su valor alimentario y excelente sabor consideramos que es una buena elección, más que pescar peces pequeños de roca, todo espinas y escamas), se utilizará un flotador fijo de 2-3 g con el lastre de un plomo sujetado hacia el anzuelo con un emerillón al que está unido el final, de unos 70 cm de largo.

El anzuelo debe ser pequeño, del 16 o del 18, y el nailon fino: 0,14 para el sedal principal y 0,12 para el final.

Combinado con una buena caña y con mucha experiencia, este sedal es capaz de coger peces de un kilo, y por ello, si «entrara» por error una lubina o un céfalo se podrían coger con éxito. Bastará tener siempre al alcance de la mano un buen salabre. Para céfalos y lubinas, peces muy desconfiados, hay que cambiar el aparejo. Es conveniente recurrir al aparejo gradual, bastante agrupado hacia abajo para que el cebo vaya rápidamente hacia el fondo y sea más fácil para el pescador menos experto. Se define como «gradual inverso». En cambio, si se tiene una buena práctica, el mejor aparejo es el gradual clásico, con más peso hacia arriba y menos hacia el anzuelo. No debe tener más de 1,5-2 m de largo puesto que el pez se queda en la faja marina superficial.

Para que el aparejo se extienda en la superficie del agua, un instante antes de que toque el agua, el pescador debe detener el recorrido con un dedo, parando el desenrollado del sedal. En este momento, el conjunto se extenderá correctamente, con el anzuelo más adelantado que el plomo y el flotador. Una vez que el sedal esté en el agua, se debe evitar que el hilo excesivo se deslice aguas abajo antes que el flotador o el aparejo. En este caso, la respuesta hasta que el pez pique es muy lenta. El pescador debe mantener el sedal en una ligera tensión, con la caña dirigida aguas arriba, recogiendo siempre el exceso de sedal.

Conviene no lanzar demasiado lejos sino sólo a pocos metros y no pretender, si es principiante, pescar mar adentro.

En los ríos pequeños se puede pescar incluso con la caña telescópica desnuda, cosa que permite simplificar mucho las operaciones.

Es importante identificar exactamente la zona de la corriente donde se mueve el pez, que a menudo revela su presencia con pequeños círculos en la superficie del agua o con unos saltos.

También es fundamental el grumeo, tanto si se pesca con engodo como si se utilizan larvas de mosca (los dos cebos más prácticos para la pesca a la pasada).

Como siempre, el cebado debe inducir al pez a quedarse en el trayecto que realiza nuestro cebo, sin comerlo, pero sin que se vaya.

Con tal fin diremos que la corriente tiende a llevar hacia el mar el cebado y que —según sea dicha fuerza— se debe efectuar el grumeo más o menos aguas arriba. También se considera indispensable el uso del tirador cebador, que permite lanzar el engodo exactamente donde al pescador le conviene.

De este modo, el engodo forma un canal en el que se mueven los peces; una vez se coge una presa, es oportuno sacarla rápidamente de allí para evitar que al forcejear asuste a los otros peces y los induzca a huir. Cuando la presa es grande y su captura difícil, una vez cogida se debe «reconstruir» el lugar suspendiendo la pesca durante unos diez minutos o más, con un ligero grumeo para reunir el banco de peces.

EL EQUIPO

Las cañas para la pesca a la pasada en las proximidades de las desembocaduras deben ser de 5 a 9 m de largo, aunque una caña montada a la boloñesa de más de 7 m es muy pesada, difícil de maniobrar y sobre todo de mantener en la mano durante mucho tiempo. De todas formas, es necesaria una buena longitud porque se deben utilizar flotadores fijos, y si el agua es profunda hace falta una caña larga. La acción debe ser de punta y el material de carbono, pues de lo contrario el peso del equipo permitiría la pesca sólo a personas corpulentas y de gran talla.

Los carretes deben ser muy veloces, para reducir al mínimo los tiempos muertos de las recogidas al final de cada pasada, además de tener buena calidad, porque los lances y las recogidas —y por consiguiente las aperturas y cierres del *pick-up*— prosiguen continuamente, siendo necesario utilizar el equipo cientos de veces para cada picada.

El freno también tiene que ser muy bueno, suave y progresivo, para poderse ajustar durante la lucha con la presa.

Por otro lado, no son necesarios grandes esfuerzos ni bobinas cónicas, puesto que nunca se efectuarán lanzados especialmente largos.

Como hemos visto, se utiliza un nailon fino, y el freno será sin duda una ayuda excelente pero la caña, más bien rígida, no prestará tan valiosa colaboración como en la pesca a la inglesa (véase pág. 27).

La buena calidad del nailon es muy importante, por lo que no escatimaremos gastos a la hora de adquirirlo.

Además, el uso del freno tenderá a reducir la resistencia del hilo y cada dos o tres salidas de pesca es conveniente eliminar al menos los 20-30 m finales del sedal, debido a que las bobinas se cargan por lo menos hasta 1-2 mm del borde para no disminuir la longitud y la precisión de los lanzados, de lo que se desprende que a cada siete u ocho salidas hay que cambiar el nailon. En los comercios se encuentran bobinas de 500 y 1000 m, que son más convenientes que las convencionales de 100 m.

Los emerillones para los finales, debido a su pequeño tamaño, son muy delicados; es mejor comprar el modelo con barril (cojinetes), que cuesta un poco más pero siempre gira perfectamente.

Por lo que se refiere a los plomos, mejor los balines de pequeña (pero no demasiado) sección. Los anzuelos, hoy en día, son todos excelentes.

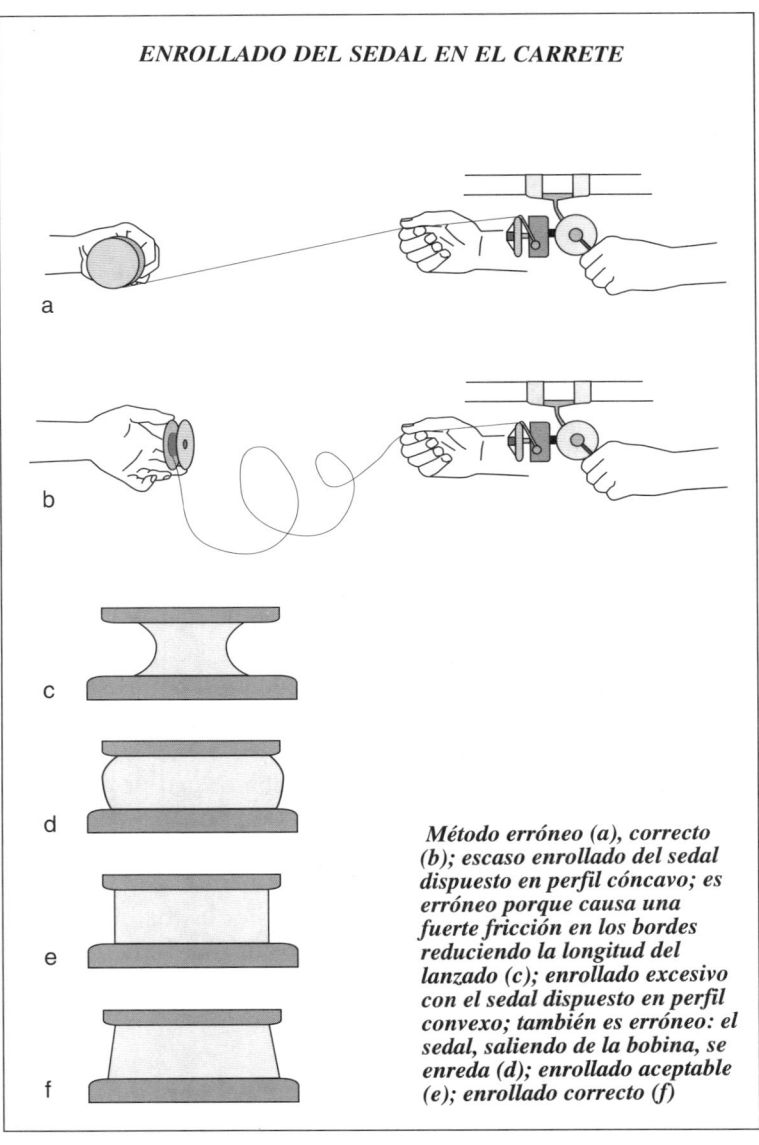

ENROLLADO DEL SEDAL EN EL CARRETE

Método erróneo (a), correcto (b); escaso enrollado del sedal dispuesto en perfil cóncavo; es erróneo porque causa una fuerte fricción en los bordes reduciendo la longitud del lanzado (c); enrollado excesivo con el sedal dispuesto en perfil convexo; también es erróneo: el sedal, saliendo de la bobina, se enreda (d); enrollado aceptable (e); enrollado correcto (f)

La pesca a la inglesa

Véase pág. 29

Los cebos

CEBOS COMERCIALES

Larva de mosca

Excepcional en la pesca a la pasada en la que también es muy práctica para utilizar en el grumeo. Se anzuela una primera larva calzada en la pata del anzuelo y otras se anzuelan por la cola, de manera que la sacudan de forma muy atrayente para la presa. Los pescadores veteranos cambian la larva colgante y la otra cada tres o cuatro veces aunque no hayan cogido nada en cada pasada. (véase pág. 34).

Tremolina

Muy utilizada para la pesca de fondo pero mucho menos para la de pasada. En la primera puede capturar grandes mújoles (véase pág. 35).

Arenícola

Es muy adecuada para pescar desde la playa (véase pág. 66).

CEBOS DE PESCADERÍA

Navaja

Véase pág. 66.

COQUINAS

Véase pág. 67.

ALMEJAS

Véase pág. 67.

GAMBAS DE BOU

Véase pág. 67.

CEBOS NATURALES

LOMBRIZ DE TIERRA

Se encuentra en los huertos o en las orillas húmedas de las pozas.
 Se anzuela por la cola (la extremidad opuesta al grosor que presenta en los 2-3 cm de longitud) calzándola en el anzuelo de forma que sólo sobresalga 1 cm aproximadamente. Le gusta mucho a la anguila y a veces a los mújoles más grandes.

CANGREJO DE ARENA

Véase pág. 68.

GAMBA DE ROCA

Se encuentra en donde las desembocaduras presentan unas barreras rocosas naturales o artificiales (véase pág. 43).

La pesca en los puertos

Por lo que se refiere a la pesca en la parte exterior de los puertos, véase el capítulo dedicado a la pesca desde las escolleras artificiales.

En el interior de los puertos, generalmente hay zonas muy diversificadas. En los más grandes, habrá una parte comercial, destinada a los transbordadores y a los barcos mercantiles que no sólo no interesa al pescador, sino que a menudo está prohibido el acceso a ella. Se pueden encontrar allí escuálidos mújoles empapados de petróleo, por lo que no tendremos motivo para lamentarnos de la prohibición.

Hay también una zona destinada a las embarcaciones de recreo, donde con frecuencia la pesca está prohibida porque muchos anzuelos se quedan en los cabos de amarre, donde se oxidan para después pinchar dolorosamente las manos de quien los maneja. Para los lugares en que no esté prohibida la pesca, síganse las reglas de prudencia y educación, prefiriendo la pesca de fondo y sobre todo las zonas abiertas, sin barcas ni amarres. Sin embargo, no será difícil «pescar» algún cuerpo muerto o algún amarre sumergido y perderlo todo.

A menudo hay otra zona, con muchas embarcaciones pequeñas amarradas al muelle y, en la rada, a cadenas sumergidas y a boyas; aquí el agua normalmente es muy baja y no vale la pena perder tiempo buscando algún pequeño céfalo o besugos de sólo un dedo de longitud.

Una pequeña perca ha picado en un gran sedal (foto M. Milanesi)

En cambio, es muy interesante la zona destinada al amarre de las barcas de pesca profesional. Bajo estas barcas se encuentra una mezcla de peces troceados y enteros, de entrañas, crustáceos, moluscos, etc., que día tras día se depositan en cada limpieza que se hace a bordo.

Esto significa que es una zona de mucho grumeo y por consiguiente está muy frecuentada por lubinas, céfalos, mújoles, congrios, morenas, arañas, a veces doradas, etc.

Aquí se pescará con la técnica de fondo usando aparejos ligeros y pesados o bien con caña y carrete.

De todas formas, en los puertos siempre hay comida para el pez y esto significa que muchos tanto de fondo como de superficie o zona media los frecuentan, a veces llevando consigo a parientes de mayor talla que los predadores. Donde el espacio lo permita, se podrán practicar diferentes formas de pesca: de fondo, con flotador y a la inglesa.

El pez de elección de los puertos es el céfalo, a menudo el mújol y también algún galupe; en cambio, de noche, será posible pescar doradas, lubinas, congrios y morenas. Salvo rarísimas y afortunadas circunstancias, los meses estivales deben evitarse puesto que el ir y venir de barcas y excursionistas molesta demasiado al pez. En la estación turística, la pesca en las horas nocturnas difícilmente proporciona alguna captura digna de ser recordada. Las mejores estaciones son el otoño y el inicio del invierno, a las que sigue una larga pausa que termina en mayo. Si la estación es buena, mayo y junio son los mejores meses del período.

La pesca en los puertos tiene poco de fascinante: el agua huele mal, está sucia, el fondo es una mezcla de lodo de diversa naturaleza, no hay un momento de tranquilidad, el pescador aficionado se ve asediado por curiosos y entrometidos y hay que alejarse de los que son profesionales y de los dueños de las barcas, por lo que pescando en este ambiente se deben efectuar capturas que justifiquen una serie indudable de molestias. Quien pesque en un puerto en pleno agosto, a mediodía, porque la familia está en la playa cercana tomando el sol, es mejor que cambie de deporte.

Para realizar buenas capturas se debe pescar en los momentos indicados, con el cebo y la técnica adecuados; el equipo puede ser menos sofisticado o rudimentario, puesto que el agua turbia perdona bastante.

En el Mediterráneo hay aún pequeños puertos donde las condiciones son casi idílicas incluso en pleno agosto, donde las lubinas enormes se pasean incluso en medio de los bañistas. Hay que ir a Istria, Dalmacia, Grecia o Malta.

En muchos puertos son frecuentes los gobios y siempre vale la pena hacer una fritura de estos simpáticos pececitos, cuando la entrada del puerto —que a menudo es el mejor sitio— tenga un fondo arenoso. Cuidado con las capturas, porque lo que parece un inocente e inofensivo gobio puede ser una araña, pequeña pero capaz de picaduras muy dolorosas (por el hecho de ser pequeña no se la reconoce con facilidad hasta que es demasiado tarde).

Si los céfalos aparecen formando burbujas en el agua, los demás peces difícilmente revelan su presencia por lo que, antes de pescar, siempre es mejor informarse en las tiendas o preguntar a los pescadores locales, para valorar si vale la pena el esfuerzo.

Sin embargo, hay que considerar que en ciertos puertos la pesca se practica a nivel profesional, con capturas muy abundantes de doradas y otras piezas del mismo valor.

Tal vez no sean las más deseadas a nivel cualitativo aunque pertenezcan a especies muy finas, puesto que el ambiente en donde crecen está altamente contaminado; de cualquier forma, con la situación actual de las aguas hay que hacer de la necesidad virtud y contentarse. Cabe exceptuar a las especies de paso, como los céfalos y las lubinas que entran en las aguas de los puertos sólo de vez en cuando para alimentarse y por consiguiente no les afecta la contaminación y la degradación ambiental.

La pesca de fondo: técnica, equipo y cebos

En el interior de los puertos donde la pesca está permitida, la pesca de fondo puede practicarse en todas sus variantes y se pueden obtener, tanto de día como de noche, especies diferentes, como babosas y gobios utilizando una cañita o un simple sedal cogido con la mano (una especie de aparejo muy ligero, véase pág. 17) rascando las agallas. Es posible intentar la captura de doradas con aparejos ligeros o con caña y carrete anzuelando un mejillón, o bien se puede echar un par de sedales de dos cañas de lanzado con anélidos u otros gusanos marinos para las lubinas y los mújoles grandes. Las lubinas también se pescan con aparejos ligeros anzuelando media anchoa, cerca de los amarres de los barcos pesqueros. Obviamente, la pesca de gobios y babosas se realizará de día, mientras que la captura de las especies más preciadas y de mayor tamaño se realizará por la noche.

Los aparejos para la pesca de gobios y babosas estarán formados por nailon del 0,16, final del 0,12 con anzuelo del n.º 16 o del 14, y un par de balines de plomo a 40-50 cm del anzuelo. Debido a que no se deben efectuar lanzados especiales sino estar al abrigo de los diques o de los muelles —en cuyos hoyos encuentran refugio y morada nuestras presas— no serán necesarios ni mucho plomo ni una caña larga. Como cebo son recomendables las larvas de mosca, pequeños filetes de anchoa salada, lapas y trocitos de diferentes gusanos.

Por lo que respecta a los aparejos ligeros, para pescar doradas se echarán en las proximidades de las zonas de paso (extremos de los puertos, etc.), cerca de los criaderos de mítilos (mejillones) o bien donde se encuentren discretas cantidades de estos moluscos. Con frecuencia, las viejas boyas de amarre, las balizas, los amarres, etc., están recubiertos de mejillones incrustados desde hace años; el aparejo se lanzará de manera que el cebo vaya a caer justamente bajo estos aglomerados de mítilos, lugar en que las doradas esperan encontrarlos. Es inútil decir que un trozo de gusano de Rímini o de americana gustará al pez, que irá a buscarlos exactamente en los sitios en los que espera encontrar alimento.

Para la lubina, el punto mejor, como hemos dicho, es bajo las popas de los barcos pesqueros, puesto que desde hace años se echan todas las sobras en el momento de la limpieza y de la reparación de las redes. Así pues, allí el pez esperará encontrar comida y no desconfiará de la media anchoa o de la media sarda apoyada en el fondo con nuestro cebo dentro. Naturalmente, el aparejo se dejará caer donde haya la posibilidad de coger un pez que pueda pesar varios kilos, colocarlo en el salabre y no en medio de todos los cabos de amarre de las barcas de pesca. Otro lugar adecuado, igual que para las doradas, es el extremo de los dos muelles que cierran la entrada al puerto.

Donde haya espacio para coger el pez, en sustitución del aparejo ligero se puede utilizar la caña con carrete. Con poco fondo, poseyendo buenos equipos y buena experiencia, también se puede utilizar la caña fija, aunque consideramos que limita excesivamente las posibilidades del pescador.

Pescando por la noche no es necesario tener equipos demasiado precisos; se necesitan más los que son resistentes para que no corramos el riesgo de perder una presa grande y prestigiosa; como no se deben realizar lanzados largos, se utilizarán cañas de 3,50 m de largo, con carretes grandes cargados con monofilamento del 0,30-0,40. Un plomo de 10-15 g, deslizante, se coloca justo encima del emerillón y el final será del 0,30. El anzuelo dependerá del cebo: puede ser de tija larga si se quieren pescar lubinas con cola de anchoa o si se utilizan gusanos grandes, tanto para la lubina como para el mújol; en cambio, puede ser el clásico 2315 n.º 14 de la Mustad utilizando gusanos más cortos, o bien los de gancho para la dorada si se pesca con mejillón.

Para señalar que ha picado con los aparejos, muchos pescadores colocan un tapón de botella sobre el sedal principal; cuando el pez empieza a comer hace saltar el tapón que produce un cierto ruido, con lo que el pescador se acerca al sedal y se prepara para el clavado.

En cambio, para la caña se aplica una *starlite* en la puntera, que con sus movimientos señalará que ha picado.

La elección del lugar de pesca se efectúa durante el día, pero antes de echar los sedales el pescador deberá verificar que no haya llegado ninguna otra barca, para evitar que el sedal se enrede en algún amarre o que el pez, durante la lucha, pueda ir a refugiarse o a enredar el sedal en algún obstáculo. Por ello, siempre se debe pescar con fuerza y no con delicadeza, aprovechando la potencia del equipo utilizado.

La pesca a la inglesa: técnica, equipo y cebos

Esta técnica es interesante en los puertos que tienen amplios espacios abiertos, sin obstáculos para llegar a los bancos de besugos, pequeños mújoles y bogas que no se acercan a la tierra y por consiguiente que se pueden pescar con otras técnicas.

Se practica de día, con equipo ligero y está dirigida a la captura de peces entre los 300 y 400 g, aunque la talla media es generalmente más pequeña.

Recogida de un besugo (foto F. Milanesi)

Se trata de una pesca diurna, donde el ojo del pescador tiene una gran importancia. Más que practicar el grumeo para atraer o retener el banco de peces, tratará de seguirlo, tras su descubrimiento gracias a los pequeños signos reveladores (burbujas, saltitos fuera del agua de los recién nacidos, etc.) que un banco de peces siempre muestra a un experto.

El sedal tendrá que ser cortísimo, como máximo de 1 m, porque se pescarán las presas que se encuentran cerca de la superficie del agua y se requiere un rápido clavado. Es una gran diversión y un buen ejercicio para el principiante, que podrá coger experiencia con presas no muy importantes pero disponibles casi todo el año, incluso en pleno verano o durante el día.

Las cañas estarán dotadas de unos 4,20 m, de tramos conectables o bien serán telescópicas, de potencia medio ligera; los carretes deberán permitir una elevada velocidad y tener una bobina cónica para facilitar lanzados muy largos, cargados con nailon del 0,14. Debido a que el final debe ser fluctuante (también el anzuelo se puede montar directamente en línea), los flotadores ya deberán estar plomeados.

Así pues, el aparejo es sencillísimo, con el flotador fijado a 1 m del anzuelo, tipo Crystal del n.º 12 o del n.º 14 y nada más. En caso de aguas muy limpias, para el final usaremos hasta el 0,12 o incluso hasta el 0,10.

Como cebos adecuados tomemos las bolitas de grumeo agregantes, larvas de mosca, miguitas de pan de pesca (con tal de que se sostengan bien en el anzuelo a pesar de los lanzados de 50 m), pedacitos de gusanos marinos, como la coreana o la tremolina.

La técnica es sencillísima: una vez identificado el banco de peces, el pescador lanza un par de metros más allá del pez y empieza a recoger lentamente. Debido a que, como ya hemos visto, al recoger, el flotador inglés se hunde, el pescador deberá recoger y soltar de forma intercalada para que salga a flote y señalar así cada vez que pica.

Una vez alcanzado el banco de peces, hay que quedarse con el sedal en tensión, la caña cogida correctamente con la puntera hacia el agua —si hay viento, incluso bajo el agua—, listo para responder con rapidez a los movimientos del flotador. Justo cuando desaparece, se debe efectuar el clavado y empezar a recoger con ligereza aunque sin exagerar porque a veces el banco de peces tiende a seguir con curiosidad al que ha picado. En este caso, es importante no asustar a los peces del banco y forzar un poco al que ha picado para que no realice demasiadas fugas laterales.

Las operaciones de recogida, extracción, anzuelado y lanzado deben realizarse rápidamente para aprovechar la buena disposición del banco para comer. Puede ser que al principio la presa no toque el cebo y que este se quede parado junto a su pez. Entonces se deberá efectuar un ligerísimo grumeo para intentar estimularlo a que pique.

En otros casos, al segundo o tercer lanzado, el banco de

peces se aleja molestado por las zambullidas del flotador; ese es uno de los motivos imponderables que hacen que la pesca sea fascinante. Como el pez no quiere alimentarse en aquel momento, es inútil insistir ya que se descubriría el engaño. Mejor observarlo, si es posible, y esperar a que el hambre le llegue. Utilizando un grumeo ligero, se puede ver como en un principio el pez lo ignora para después empezarse a interesar por el cebo. Justo cuando el banco de peces entra en una agitación famélica, se mantiene un ligerísimo grumeo y finalmente, las capturas no faltarán.

La pesca con flotador: técnica, equipo y cebos

Aunque con frecuencia se vea practicar esta pesca de día, en realidad da mejores resultados por la noche, cuando está dirigida casi en exclusiva a la captura de la lubina.

Como hemos visto, para las presas menores se pesca con la técnica de fondo o bien a la inglesa; pero a quien no le guste la pesca de fondo con equipo pesado y prefiera pescar con otros más ligeros, la pesca nocturna de la lubina con flotador representa casi una forma de expresión artística.

Siempre de noche, se puede practicar en todas las estaciones con tal que estemos seguros de que en el puerto que hemos escogido haya lubinas; hay algunos muy famosos en este aspecto: en España, Puerto Banús, en Istria, Fazana, en la Isla de Elba, Marciana Marina, y muchos otros.

De hecho, la lubina es un pez al que le gusta entrar y salir de los puertos en busca de alimento o por simple curiosidad. Como todos los peces depredadores, es un pez muy curioso, que a veces no teme ni siquiera acercarse al hombre que está sumergido para observarlo.

Pescando con flotador: el jersey claro servirá para que en la oscuridad los compañeros identifiquen al pescador (foto F. Milanesi).

Para pescar lubinas con flotador, se necesitan cañas con acción de punta de 4,50 a 5 m de largo, no excesivamente rígidas (incluso las lubinas más grandes no tienen una reacción demasiado fuerte cuando se recoge), dotadas de carretes de buena calidad, cargados con monofilamentos entre el 0,18 y el 0,22.

El cebo ideal es la gamba de roca (*Palaemon serratus*, véase pág. 43) o bien el mújol pequeño vivo; por tanto, el aparejo deberá constar de un cebo vivo. Será necesario un flotador capaz de sostener el *starlite*, con un *tourpille* y uno o dos balines agrupados encima del emerillón. Este deberá ser de barril sin mosquetón. El final que debe utilizarse es de nailon del 0,18, del tipo blando, de manera que permita que el cebo nade libremente, moviéndose de la forma más natural posible, o sea, como una gamba cualquiera o un pequeño mújol herido. Este detalle es importante, porque como todo depredador, la lubina prefiere presas ya heridas ya que así resultan más fáciles de capturar.

Cuando la lubina llega, generalmente roza los rompeolas o los muelles, comiendo a una distancia de unos 20 m de ellos, o incluso menos, ya que es allí donde se agrupan sus presas.

Del mismo modo, si va a buscar comida bajo las popas de los barcos pesqueros, será siempre cerca del muelle. Así pues, no son necesarios grandes lanzados sino sólo una zona con espacio suficiente que permita coger al pez anzuelado.

Sondar el fondo es fundamental; para saber exactamente cuánto fondo hay, se actúa de la siguiente forma: al anzuelo, un tipo Crystal del n.º 7, se le engancha un plomo de 10-15 g. Se plomea el flotador a unos 4 m. Se lanza, y si el flotador se hunde significa que hay más agua; en cambio, si se queda en la superficie significa que hay menos. Con 2 o 3 intentos se logra saber con exactitud la profundidad, se mueve el flotador de forma que el cebo se quede a medio metro del fondo y se lanza.

El grumeo es de gran importancia en esta pesca. Para ello se trituran dos o tres docenas de sardinas (saladas o en salmuera); se mezclan con arena y agua hasta obtener un amasijo semilíquido fuerte olor, que se colocará en un cubo.

Cada dos o tres minutos se lanzará una porción de este amasijo —aconsejamos la utilización de un cucharón porque el olor de sardina permanece en las manos durante días— cerca del flotador. Cuando la lubina llega cerca del cebo, empieza a sacudirse frenéticamente y el flotador señala sus movimientos. Cuando este desaparece, se deben esperar unos 10 segundos antes de clavarla, porque quizá la lubina tiene el cebo en la punta de la boca y al recogerla prematuramente le llevaríamos el bocado provocando que huyera asustada. En cambio, si el flotador reaparece, se esperan de 20 a 30 segundos para ver si vuelve a intentar el ataque, de nuevo repetir el grumeo y después se levanta el sedal del agua, controlando y cambiando el cebo con frecuencia.

Una vez efectuado el clavado, se deberá levantar la presa con calma, sin forzarla, porque cuando supera el kilo de peso casi siempre será señal de que está sola y no se correrá ningún riesgo de asustar a un banco de peces. Cuando, agotada, empezará a seguir la tracción, se le acercará lentamente al salabre, que debe tener la red completamente sumergida, haciendo que entre casi por sí sola. El salabre es absolutamente indispensable y debe tener una empuñadura bastante larga para llegar al agua. Asimismo, debe ser resistente, para no correr el riesgo de perder al pez en el momento en que se saca del agua.

Otras técnicas de pesca

Sedal para anguilas

Para practicar la pesca de anguilas con técnica de sedal en las desembocaduras, al principio se necesitaba una caña resistente, un trozo de hilo de sección grande (0,50-0,60), unos gusanos, una aguja y un paraguas.

Se ataba el nailon al extremo de la caña; en la otra cabeza del sedal, con la ayuda de una aguja y un poco de hilo de coser, para atarlas después de haberlas traspasado, se preparaba un grupo de lombrices de tierra.

Se echaban los gusanos al agua cuando oscurecía o durante los temporales y se esperaba a que la anguila picase. Los tirones en la puntera señalaban la llegada de la anguila, y el pescador empezaba a estirar lentamente el sedal hacia la orilla. La anguila no dejaba la presa hasta que no llegaba a la superficie del agua y caía... en el paraguas abierto que el pescador tenía del revés delante suyo.

Actualmente se puede practicar esta pesca, con habilidad y paciencia, utilizando una caña fija de 7 o 9 m, muy rígida, un nailon del 0,30 igual de largo y un salabre con boca larga y rígida, sin alterar el procedimiento.

Para pescar anguilas, los fumadores colocarán el cebo con guantes de silicona ya que este pez detesta el olor de la nicotina.

La pesca con cebo vivo

Pescando en el mar desde la orilla, el único depredador que se acerca a las costas es la lubina, muy apreciada, y que, como ya hemos dicho varias veces, puede alcanzar un buen tamaño.

Cuando es grande, la lubina muestra una notable preferencia por los pequeños céfalos que nadan cerca de los escollos y que devora cuando puede.

Aprovechándonos de esta preferencia suya, el pescador puede conseguir unos veinte céfalos de 7 a 10-12 cm, pescándolos con una caña fija, un sedal ligero constituido por un pequeño flotador de 1 o 2 g, el plomo necesario y un anzuelo del n.º 16 anzuelado con un par de larvas de mosca. Una vez sacados del anzuelo con cuidado, los pequeños céfalos se dejan en mucha agua fresca bien oxigenada. Para el oxígeno se puede utilizar un oxigenador de pilas o bien, de forma más complicada, cambiar frecuentemente el agua. Puesto que los oxigenadores tienen un coste irrisorio es mucho mejor comprar uno.

Una vez preparados los cebos, se monta una caña de lanzado de 5-7 m, rígida, con acción de punta, y un carrete de buena calidad (no necesita otras características especiales), cargado con nailon del 0,22 o del 0,25. El aparejo está constituido por un flotador capaz de sostener por lo menos 8 g, un solo balín de plomo de 1,5 o 2 g y un anzuelo del tipo Gamakatsu, serie 4058 del n.º 2.

Debido a que el pequeño céfalo debe nadar a media agua, se plomeará el flotador de manera que entre este y el anzuelo haya 2 m o como mucho, 2,5 m.

Se anzuela el céfalo por los labios o bien pasando el anzuelo detrás de la primera dorsal (delicadamente, de forma que no muera) y se lanza.

Pescando de noche, que como siempre es el mejor horario, se utilizarán flotadores con el *starlite*.

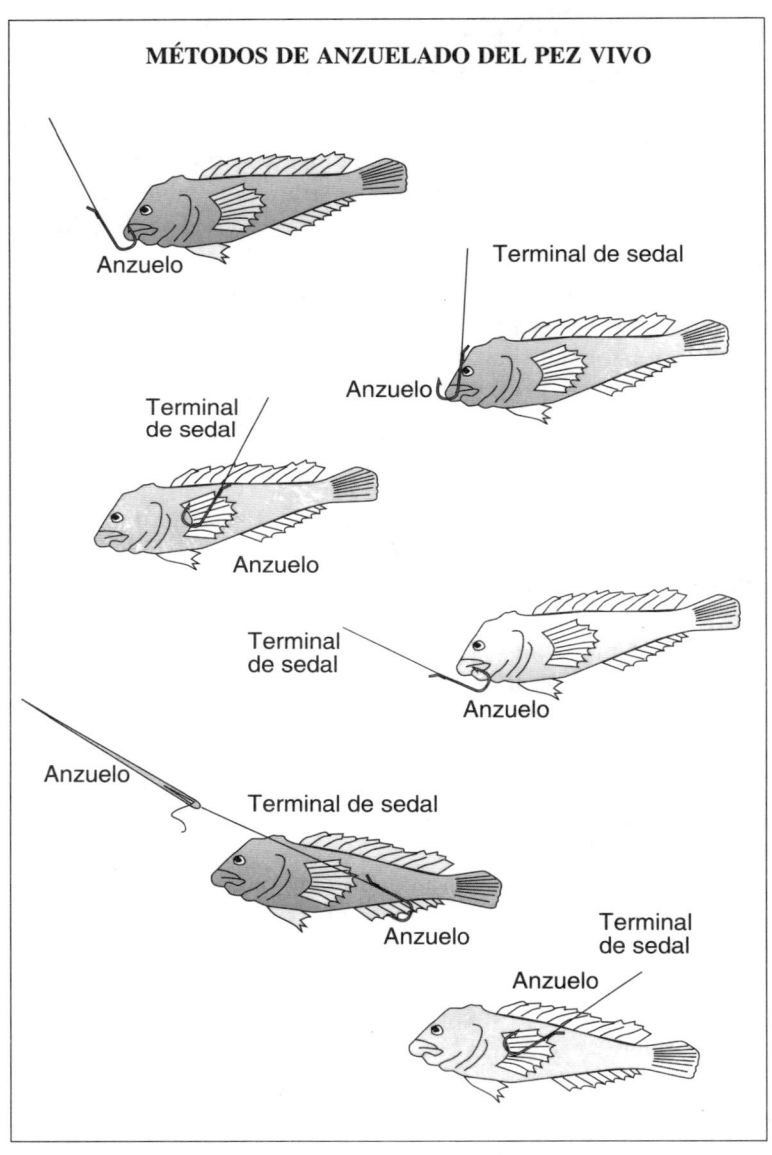

Es mejor no pescar con el cebo vivo en las desembocaduras, puesto que se debe ir recogiendo y lanzando y esto acaba con la vida del pez-cebo; es mejor utilizar esta técnica delante de las escolleras sin corriente.

El cebo debe quedarse bastante cerca de su ambiente natural, la costa, pero no tanto como para que pueda esconderse. De vez en cuando (cada 4-5 minutos), el pescador moverá ligeramente la puntera de la caña para que el pez-cebo se agite. Este estará muy activo al principio, para después ir adaptándose a la situación y calmándose —además, se cansa llevando el aparejo consigo—. Los movimientos frenéticos del cebo, señalados fielmente por el flotador, indican la presencia del depredador, hasta que el señalador no desaparece hundiéndose rápida y oblicuamente debido a la tracción de la lubina.

Se requiere sangre fría, y cierta calma para esperar por lo menos de 5 a 7 segundos antes de efectuar el clavado.

A veces, la lubina tiene al céfalo en los labios y al cogerla con demasiada rapidez se lo podríamos sacar de la boca asustándola. En cambio, si en este lapsus de tiempo es ella quien arranca al céfalo del anzuelo sin ningún temor, entonces deberemos volver a anzuelar rápidamente, lanzando en la misma zona para que pique de nuevo, pues para la lubina, los céfalos son como las cerezas.

El volantín con vela

Esta técnica, más bien complicada, está dirigida a la captura de los peces de banco (besugos y bogas) que se quedan en la superficie pero que ni siquiera se acercan al lanzado de las cañas a la inglesa.

Consiste en un sedal de unos 200-250 m de largo enrollado en un contenedor cilíndrico. La parte que va mar adentro, durante los primeros 100 m, lleva cada 3-5 m un brazo de 1 m de largo, armado con un anzuelo tipo Mustad cal. 2315 n.º 16 o 18; la segunda parte está desnuda. El contenedor se puede realizar con un aro de *scooter* relleno de poliestireno; los brazos se envuelven paralelos al sedal principal y los anzuelos se insertan en el poliestireno. Otros pescadores prefieren enganchar los brazos a medida que enrollan el volantín.

Debido a que por la noche, en la orilla siempre hay brisa procedente de la tierra (en cambio, durante el día viene del mar), en el extremo del volantín se fijará una balsa de madera o corcho, una tabla ligera de 50 × 50 m, provista de una «vela», que puede ser un folio de contraplacado colocado perpendicularmente a la misma.

Bajo la acción de la brisa, la balsita empieza a alejarse de la costa, llevándose consigo al volantín. Procediendo con calma se colocan bolitas de pasta, varios anélidos, moluscos, etc., en el anzuelo, a medida que llegan al pescador, mientras se enrolla el sedal.

Se sigue echando sedal hasta que la balsita alcance las proximidades de los bancos de peces, cosa que advierte el pescador con los toques que se transmiten a lo largo del sedal.

Se deja al volantín con vela que pesque durante una hora y después se recoge lentamente pero con movimientos continuos y sin tirones. Para esta operación son necesarias dos personas tanto para echarlo como para recogerlo. Una lo desenrolla y lo vuelve a enrollar, mientras que la otra pone el cebo y recoge las presas mientras lo saca a la superficie.

Especialmente en primavera y en verano, se puede echar el volantín con vela incluso dos o tres veces, hasta que los bancos de peces se queden delante de la costa donde se encuentran los pescadores.

Es la versión terrestre de los volantines de fondo o palangres, los equipos que dan mejores resultados y que están a disposición del aficionado que posee una embarcación.

Los nudos de pesca

Hemos considerado necesario introducir una breve descripción de los principales nudos de pesca porque un nudo mal hecho desequilibra el aparejo, impide lanzados correctos y sobre todo, representa un punto débil en el conjunto del equipo.

Los dibujos (véanse págs. 102 y 103) serán más útiles que las explicaciones para el aprendizaje de la realización correcta; hay que ejercitarse durante mucho tiempo en la realización de estos nudos que, aun sin ser muchos, son útiles para todas las necesidades del pescador aficionado.

Después de haberlos realizado, se debe verificar siempre que hayan sido efectuados correctamente, porque un nudo mal hecho puede cortar el nailon o deshacerse, con la consiguiente pérdida de una parte del equipo y quizá del pez que ha picado.

Para el control de los nudos de juntura, se tira enérgicamente de los dos sedales hasta el límite de rotura, después de haberlos enrollado uno en cada mano un par de veces, teniéndolas a 1 m una de la otra.

Para controlar los nudos en los anzuelos o en los emerillones, se introduce la curvatura del anzuelo en un ojal metálico (tijeras, cuchillo, etc.) y se tira varias veces, hasta el límite de rotura del hilo.

Si el nudo se deshace o se rompe, hay que cortar el nailon que ha quedado doblado y se desecha porque se ha debilitado

LOS NUDOS DE PESCA

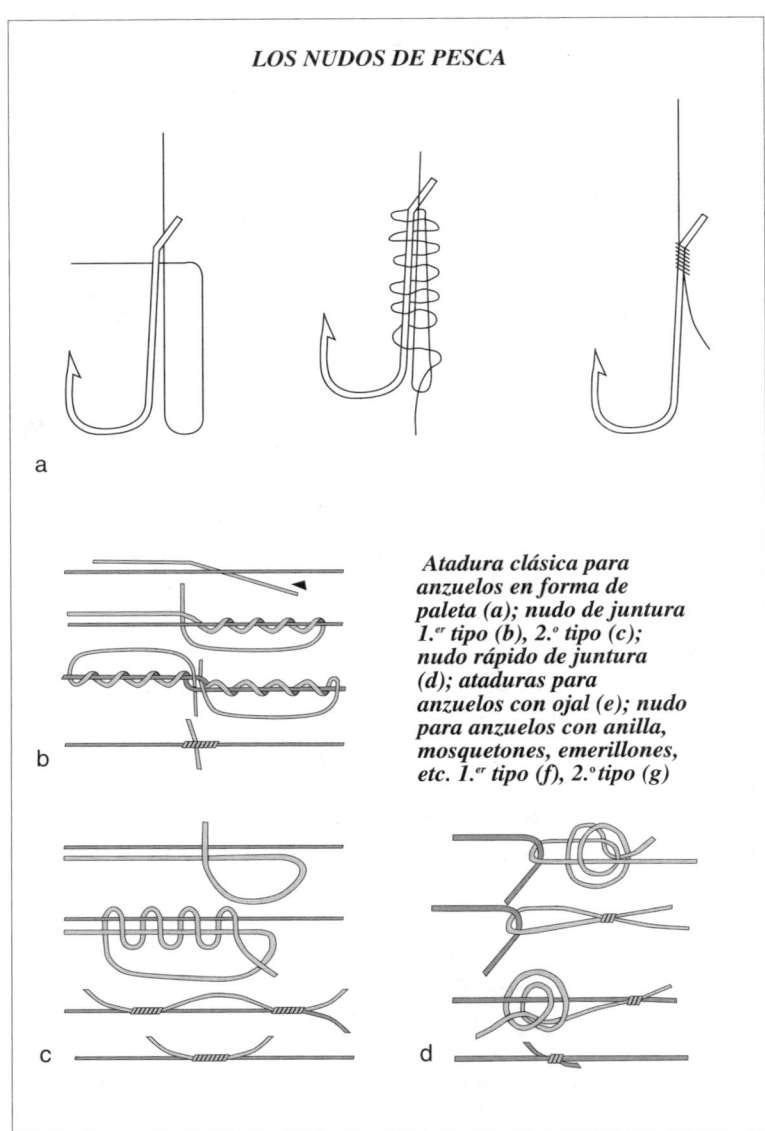

Atadura clásica para anzuelos en forma de paleta (a); nudo de juntura 1.er tipo (b), 2.º tipo (c); nudo rápido de juntura (d); ataduras para anzuelos con ojal (e); nudo para anzuelos con anilla, mosquetones, emerillones, etc. 1.er tipo (f), 2.º tipo (g)

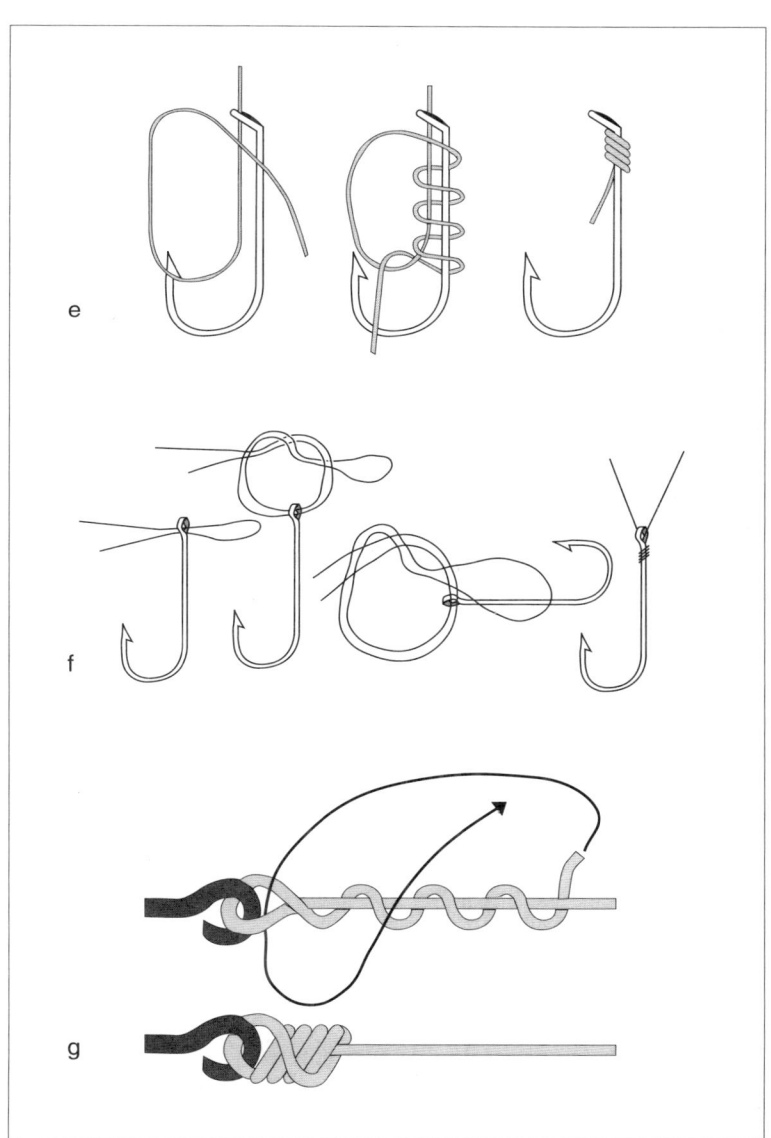

y su resistencia es dudosa. Por supuesto, hay muchos otros nudos de pesca; estos que aquí vienen ilustrados son los más conocidos y se consideran los mejores.

De todas formas, verificar siempre su resistencia es ya una costumbre para el buen pescador, aunque haya realizado millares en su vida.

Atadura clásica para anzuelos en forma de paleta

Coger el anzuelo entre el pulgar y el índice de la mano izquierda y acercar la pata al final (10-15 cm); hacer un medio bucle con el final procurando que la curva esté más allá del cuello del anzuelo. Manteniendo el hilo junto al anzuelo con los dedos de la derecha, enrollar lentamente con espirales unidas a lo largo del final, incluyendo también la pata del anzuelo. Después de 5-6 espirales, introducir el cabo del final en la curva del medio bucle, tirar lentamente los dos cabos (sedal y final) procurando que no se sobrepongan las espirales. Se aconseja humedecer el nudo con un poco de saliva antes de apretarlo.

Nudo de juntura (1.er tipo)

Acercar los dos sedales que deben unirse a unos 20 cm; fijar uno y enrollar el otro alrededor con cinco o seis espirales, coger el cabo y llevarlo a la intersección de las dos puntas; realizar la misma operación con la otra y hacer entrar el cabo en posición opuesta al primero.

Después hay que apretarlos fuertemente para evitar que los sedales se superpongan. Este nudo de juntura es especialmente eficaz para sedales de diámetro igual o con poca diferencia.

Nudo de juntura (2.º tipo)

Acercar los dos sedales; hacer con uno, sobre el otro, un nudo de unión para anzuelos en forma de paleta. Repetir la operación con el otro en el sentido contrario. Hacer que se deslicen hasta que los nudos estén bien apretados.

Nudo de juntura rápido

Con los dos extremos de los sedales que hay que juntar formar dos medios bucles uno en el otro. Coger uno, hacer tres espirales y introducirles el cabo. Apretar ligeramente. Repetir la operación con el otro. Cuando los dos nudos opuestos estén bien cerrados, tirar al mismo tiempo los dos sedales hasta que las espirales se hayan acercado formando un único y sólido nudo. Este es también el mejor nudo cuando se haya tenido que cortar el hilo en el carrete (quizá después de un enredo). Cortando al ras los dos cabos que sobresalen, el nudo no impide que el nailon se deslice en los lanzamientos.

Atadura para anzuelos con ojal

Introducir unos 10 cm de sedal en la anilla, formar un aro con el sedal por el que se pasará el terminal diversas veces formando varias espirales, enrollando también la pata del anzuelo. Tirar hasta que se cierre, procurando que las espirales no se superpongan.

Nudo para anzuelos con anilla, mosquetones, emerillones, etc. (1.er tipo)

Unir el final a unos 10 cm, introducirlo en la anilla y hacer un nudo simple. Evitando apretar este nudo, con el extremo del sedal unido, pasar por encima del anzuelo; fijarlo y estirar de manera que las espirales se enrollen en la pata debajo de la anilla.

Nudo para anzuelos con anilla, mosquetones, emerillones, etc. (2.º tipo)

Pasar por la anilla unos 20 cm de final y unirlos al mismo final; fijar con las puntas del pulgar e índice de la mano izquierda la anilla y el medio cabo, realizar cinco o seis espirales con el final alrededor del sedal principal; volver atrás con el cabo, pasar por la primera espiral y después por el semicírculo formado por el nailon. Tirar procurando que las espirales queden paralelas (nunca deben superponerse). Verificar la resistencia de las ataduras.

Breve introducción a la compra del equipo

Por lo que se refiere a las cañas, en las tiendas hay infinidad de modelos con potencia, longitud, dimensión y características diversas, así como de muchos precios, pero no existen cañas polivalentes. Una caña de fondo podrá pescar decorosamente con esta técnica desde las costas rocosas, desde las playas y en los puertos, pero nunca será una caña para la pesca con flotador. Por supuesto, sólo es un ejemplo, válido para todos los tipos de pesca y válido tanto en agua salada como en agua dulce.

Desde un principio es conveniente decidir qué técnica se va a practicar para realizar las compras adecuadas.

Debido a que actualmente son muchísimos los equipos de buena calidad, si nos dirigimos a un comerciante competente —de una ciudad de la costa porque en el interior difícilmente se practica la pesca en el mar— no tendremos dificultad para adquirir buenos materiales. Sin embargo, ciertas técnicas, como la inglesa o la pesca con flotador, aprovechan equipos que se encuentran en cualquier tienda. Lo importante es aclarar al vendedor que el pez de mar, con igual peso, se defiende con una energía doble o triple respecto al de agua dulce. Si no se quieren adquirir en un principio equipos muy caros de fibras costosas (carbono, boro, kevlar, litio, etc.) tampoco debemos decantarnos por materiales demasiado baratos y ordinarios.

Las anillas, elemento importante en el coste de una caña, tienen que ser de buen material para no deteriorarse por la acción del hilo y de la salinidad; las mejores de porcelana y/o carbono.

A menudo se considera que al utilizarse sedales de gran diámetro y lastres pesados, la pesca en el mar es basta y rústica; en cambio, es todo lo contrario. Y es muy difícil pescar bien en el mar porque se deben buscar piezas valiosas y desconfiadas con equipos muy visibles. Así pues, es una actividad muy sofisticada realizada con el soporte de materiales con calidad superior a los que se utilizan en agua dulce. A su vez, los carretes, deben poseer notables requisitos de velocidad, resistencia, ser inoxidables y dar confianza. El hecho de que algunos sean enormes y muy pesados no significa que también sean potentes, rápidos y buenos.

Siempre es oportuno confiar en marcas conocidas y difundidas, para tener la seguridad de contar con una buena asistencia a la hora de encontrar piezas de recambio. Si por lo que respecta a la caña basta enjuagarla en agua dulce, el carrete debe lavarse, secarse y rociarse con aceite lubricante. Además, al final de la temporada de pesca debe abrirse y engrasarse para que los engranajes no se vean afectados por la salinidad y la oxidación, buscando siempre materiales de mejor calidad.

En resumen, si para las cañas es posible ahorrar, para los carretes es mejor gastar un poco más para, a la larga, no perderlo todo.

Pescando en el mar, los anzuelos deben utilizarse una o dos veces como máximo. Incluso los que son de mejor calidad —y existen algunos que son realmente óptimos aunque costosos— se despuntan al ser arrastrados por los escollos y por la arena, sus paletas se rompen causando lesiones al sedal, etc. Así pues, es posible tener que cambiar de anzuelo incluso dos o tres veces en la misma jornada de pesca. Los «errores» que se cometen al intentar atrapar un pez, pueden depender de la punta del anzuelo, que quizá sea defectuosa desde un primer momento, aunque nos parezca puntiaguda y mortal.

Hay varios tipos de soportes de caña, que sirven para pescar desde las costas arenosas. Los más difundidos son:

a) palitos en punta pasados por encima de una horquilla en la que se apoya la caña;

b) grandes vasos de plástico provistos de una piqueta larga plegable. La piqueta se planta en la arena y la caña se introduce en el vaso;

c) de contrapeso, es decir, largas piquetas encima de las cuales se encuentra un contrapeso en el que se introduce la caña.

Personalmente, prefiero los del tipo b, que son los más económicos, los que menos espacio ocupan y ofrecen excelentes garantías de que la caña se mantenga casi vertical. No necesitan ningún tipo de manutención puesto que la piqueta es de aluminio.

Por lo que se refiere a los salabres, hay cientos de modelos y tipos. Quien pesca desde la costa necesita esencialmente dos. Uno, para grandes presas, con la empuñadura telescópica de metal resistente y pesado; la red es de malla ancha, profunda y con capacidad, y la boca es de tubo de aluminio, fija, cuadrada o circular. El segundo tipo tiene una empuñadura telescópica, muy larga, de fibra de vidrio. Sirve para recoger presas de hasta 1 kg de peso y por ello su boca es normal, plegable o fija, pero siempre ligera; la red es de malla espesa y no es profunda. Este salabre es muy útil pescando desde escolleras en posición un poco elevada respecto al agua, porque el momento más crítico de una recogida es cuando el pez deja el agua que le da la fuerza pero lo sostiene y reduce su peso, y se encuentra en el aire, donde el forcejeo aumenta un peso que deben cargar los equipos.

Las tijeras multiuso del pescador que sean de material inoxidable, costosas pero eternas, mientras que los modelos cromados pierden la protección en pocos días y se les forma una herrumbre inútil. Sirven para apretar los balines de plomo, como tijeras, destornillador, etc. Cada modelo es multifuncional pero nunca sustituirá al cuchillo que cada pescador debería tener para limpiar las presas y para otras mil necesidades. También debe ser inoxidable.

Para transportar los equipos, en las tiendas se encuentran varios tipos de bolsas portacañas; se prefieren las que tienen algunos bolsillos. Colocando todos los accesorios en una o dos bolsitas, que estarán en los bolsillos de la bolsa, se evitará transportar una caja, que casi siempre está llena de mil cosas que no sirven para nada. En cambio, la caja es muy útil para dejarla en casa con todos los accesorios de los diferentes tipos de pesca que se practiquen, desde los plomos a los anzuelos y a los flotadores. El contenido de las bolsitas saldrá de ella.

Pescando en verano, donde sea posible hacerlo, es conveniente colocar las presas en una larga bolsa de red con boca ancha que tiene una buena parte inmersa en el agua. De esta forma, las presas están vivas hasta que se termina de pescar y no se pudren bajo el sol ardiente dentro de una bolsa de plástico. Cuanto más grande sea la red, menos sufrirá el pez. Después de sacarlas de la cesta, las presas deben matarse antes de volverse a colocar, o bien dejarlas libres.

Ya hemos hablado varias veces de los emerillones, porque estos utilísimos objetos, cuando no funcionan, torturan la existencia del pescador enredando sistemáticamente los finales, torciéndolos o convirtiéndolos en trocitos de hilo enmarañados. Los mejores son los de barril, con cojinete. En el momento de hacer una compra hay que saber que en inglés —ya que muchos materiales son de importación— el agua salada se llama *salt water*, mientras que la dulce es *fresh water*.

El nailon

En cada bobina se indica el peso que un determinado hilo aguanta; pero cada nudo disminuye su resistencia y si los nudos están mal hechos esta disminución puede ser drástica, hasta del 50 %. Por otra parte, la resistencia está calculada para una tracción lenta y constante de levantamiento y no en los tirones brutales que sufren los sedales. Asimismo, el trabajo de la fricción hace que el nailon se dañe, lo obliga a torcerse y doblarse de forma antinatural contribuyendo a debilitar el sedal, y la acción combinada de la sal y de los rayos del sol completan el efecto. Así pues: no deberá utilizarse nunca el mismo aparejo para más de una pescada. Es preferible desechar el nailon y los plomos y recuperar el anzuelo, el emerillón y el flotador. Por cada 20 o 25 horas de exposición al sol, se eliminarán los 20-30 m finales de nailon y por cada cinco o seis pescadas se desechará todo el nailon utilizado (100 m). Si se emplean aparejos muy pesados con sedales adecuados y si se enjuagan los carretes en agua dulce después de cada pescada, se puede utilizar el mismo nailon hasta unas 10 veces. Forzándolo quizá podría aguantar pero también es fácil que rompiese en el momento más inoportuno.

Por consiguiente, hay que comprar bobinas de 500 o 1000 metros, puesto que son mucho más convenientes. El nailon se deja en un sitio fresco, seco y a la sombra.

Glosario

Anzuelo: está formado por cuatro partes. La paleta (o bien la anilla, según el tipo), la tija (o pata) la curvatura (o cuello) y la punta con el arponcillo, que es la parte sobresaliente y puntiaguda del extremo.

Hay tantos tipos y tantas medidas de anzuelos que la propia Mustad, la fábrica de anzuelos más grande del mundo, no tiene un catálogo completo de su producción. Fundamentalmente, hay anzuelos rectos o curvos. Estos últimos son especiales para anzuelar largos anélidos y para que los peces desconfiados y de picada larga, como la anguila o la dorada, no sientan la punta del mismo. El diámetro puede ser delgado o grueso. El primero está indicado para el anzuelado de cebos delicados como la tita o la larva de mosca. El tipo fino es el llamado Crystal.

La longitud de la pata también puede variar; la larga sirve para cebos largos, como ciertos anélidos o las colas de caballa y de anchoa.

El número de anzuelo se encuentra en la apertura del cuello (o sea, la distancia entre la punta y la pata en su sección máxima), mientras que la serie cambia al variar de empresa productora.

Hace tiempo sólo se encontraban los Mustad, por ello hemos tomado como referencia los números y las series de esta empresa, pero hay otros muy buenos aunque también cuestan más, de producción japonesa o coreana como los Kamasan, los Katana, los Gamakatsu, etc.

Para cada pez hemos intentado indicar el tipo y el número de anzuelo que se debe utilizar, pero cabe recodar una norma siempre válida: con los anzuelos despuntados se pesca menos. Así pues, los anzuelos deben cambiarse con frecuencia, tanto que un proverbio toscano dice: «Anzuelo oxidado no pesca peces». No es del todo cierto, pero realmente se pierden muchas capturas.

Aparejo: es el conjunto de plomos, emerillones, anzuelos y posibles flotadores que hay en el extremo del sedal.

Batería: se llama así al conjunto de cañas de un pescador de fondo. Cuando las cañas —con frecuencia tres— están fijadas se dice que están «en batería». Este término deriva del lenguaje militar.

Burbujear: formación de burbujas en la superficie del agua debidas a los peces. En agua dulce sucede cuando algunos peces capturan a los insectos en la superficie del agua.

En el mar, las burbujas a menudo están provocadas por el lomo de los peces que emergen durante unos instantes.

Carrete: hay de dos tipos. El más difundido es el de bobina fija, en él la bobina queda fijada en el eje central y el arco gira alrededor de ella enrollando el hilo. Para lanzar se abre el *pick-up*, que se vuelve a cerrar cuando la operación de lanzado ha terminado. Para facilitarla son aconsejables los diversos tipos de bobina cónica; siempre por motivos prácticos deberemos procurar que los modelos que hayamos elegido tengan una recogida rápida (es decir, que por cada vuelta de manivela haya por lo menos cinco del *pick-up*) y sean totalmente inoxidables. En algunos casos —en peces grandes como congrios, morenas, lijas, grandes mújoles, doradas, etc.— o cuando tengamos que utilizar lastres pesados, los carretes también deberán ser potentes. Si se quieren practicar tipos diferentes de pesca, casi nunca se podrán utilizar los mismos carretes en actividades diferentes.

El otro tipo es el carrete con bobina giratoria, sin *pick-up*, muy potente incluso en los modelos más pequeños. También es muy costoso y muy difícil de utilizar; la práctica se adquiere ejercitando la paciencia y desenredando el hilo enmarañado durante el tiempo que haga falta. Es capaz de llegar a distancias prodigiosas, una vez que se ha aprendido a manejarlo bien, puede ser de gran ayuda para el pescador cuando hay bastante oleaje, especialmente con peces grandes y combativos.

Si no se tiene la suerte de pertenecer a un grupo o si no se conocen los lugares predilectos de las grandes presas, su uso debe considerarse superfluo para casi todo el Mediterráneo.

Caña: hay cañas desnudas y cañas anilladas. Las desnudas tienen el sedal asegurado en el extremo más delgado (puntera) y permiten pescar en un radio de acción limitado, aunque actualmente poseen longitudes que llegan a ser excesivas. Las anilladas poseen unos aros guía-hilo y un portacarretes.

Las cañas tienen diferentes tipos de acción: blanda, rígida, de punta, parabólica, etc.; para pescar en el mar, las mejores son las de acción de punta, tanto desnudas como anilladas, en las que trabaja sobre todo la puntera, mientras que el cuerpo de la caña trabaja mucho menos o nada. Actualmente en los comercios se encuentran cañas excelentes a precios asequibles, tanto de fibra como de carbono o grafito.

La caña es un útil muy personal y debe escogerse no tanto por la publicidad o porque la utilizan los campeones, sino después de haberla manejado y haber encontrado la más indicada para el propio físico. Debe haber un *feeling* total entre el pescador y la caña para que se obtengan resultados satisfactorios, y este *feeling* no se crea necesariamente con los útiles más costosos.

Cebado: existen diferentes tipos de cebado, operación con la que el pescador esconde el anzuelo en el interior de un cebo. La operación debe realizarse bien para que no se pierda el cebo durante el lanzado o al primer toque del pez. También es importante, con ciertos cebos, que no se mueran a causa del anzuelo sino que se conserven vivos y atrayentes durante mucho tiempo.

Todas las descripciones teóricas no valen lo que vale medio día de experiencia. El principiante debería empezar a pescar con cebos fáciles de anzuelar, y después seguir practicando guiándose por expertos pescadores. Es inútil gastar dinero en cada cebo si este es maltratado y se convierte en algo que no gustaría siquiera a un pequeño tordo.

Este volumen contiene unos dibujos de los principales tipos de anzuelado (calzado, de grupo, etc.).

Cebador (o *feeder*): contenedor de forma, peso y dimensiones diferentes, dotado con extremos perforados para asegurarlo al sedal y de numerosos agujeritos, con el fin de permitir la salida de las sustancias atrayentes contenidas en él, tanto si son larvas como engodo.

También está provisto de una tapadera (son mejores las que poseen tornillos) para poderlo llenar. Se vacía en unos 5-10 minutos según las dimensiones o la corriente, y echa el pasto justamente donde queremos, es decir, cerca de nuestro cebo.

Clavado: cuando el flotador o la puntera señalan que el pez ha picado, el pescador, antes de empezar a recoger, reúne el exceso de hilo y debe levantar con una cierta energía la caña (proporcional al aparejo y a la cantidad de hilo que se tiene fuera), para lograr que el anzuelo se introduzca en la boca del pez, a veces más bien dura. Después devuelve la caña a su posición y empieza a recoger. La acción dirigida a introducir el anzuelo en la boca del pez se denomina *clavado*.

Contramarejada: se denomina así una marejada, después de haber logrado su culminación, empieza a descender. Es el mejor momento para aplicar varias técnicas de pesca.

De punta (acción): se dice de una caña en la que trabaja esencialmente la puntera, tanto para señalar la presencia de la presa como para cansarla en la lucha. Es el tipo de acción más indicada para la pesca en el mar, tanto con caña desnuda como con caña anillada.

***Dinsmore*:** plomos especiales esféricos y muy blandos —se cierran en el hilo con los dedos— para la pesca con la técnica a la inglesa.

Emerillón (torniquete, o quitavueltas): pueden ser de dos tipos: los sencillos o los de mosquetón. En la pesca desde las costas, es útil el primero, compuesto por una anilla en un extremo, un cuerpo en forma de pequeño barril en el centro que contiene unos cojinetes (en inglés se llaman *ball bears*), y otra anilla. Se engancha el sedal principal en una y el final en la otra. Además de facilitar todas las operaciones de cambio del final y de fijar los plomos deslizantes en la pesca de fondo, el emerillón tiene como tarea principal evitar los enredos, puesto que las dos anillitas pueden girar al mismo tiempo, la una en sentido contrario a la otra. Debido a que la oxidación termina por bloquear los emerillones, aconsejamos que se utilicen los de mar con cojinetes, que no se atascan nunca. De todas formas, siempre es una buena norma verificar que funcionen antes de montarlos.

Engodos (o amasijos): término genérico referido a sustancias más o menos agregantes que se hallan en el mercado en forma de pastas, contenidas en bolsas cerradas. Hay algunas muy buenas, que se pueden utilizar como atrayentes pero que trabajadas un poco más y mezcladas con menos agua, sirven de cebo. Están sustituyendo completamente a las mezclas y a los engodos realizados en casa, que a menudo tienen una eficacia algo dudosa.

Enredo: se dice del nailon cuando se enmaraña. Los enredos más increíbles son los que forman los carretes de bobina giratoria cuando son utilizados por los principiantes.

Entrar: en la jerga pesquera, el verbo entrar puede tener significados ligeramente diferentes al normal. Se dice que el pez «entra» en determinados períodos del año, para indicar que en aquellos meses se acerca a la costa. También se dice que «entra» una presa cuando se practica una técnica que no está dirigida a su captura específica.

Fijar: colocar la caña en un apoyo, expreso o casual, cuando no se quiere tenerla en la mano mientras se está pescando. La caña está fijada cuando no sólo está bien colocada para la acción de pesca, sino también se puede empuñar rápidamente para efectuar el clavado y extraer una presa.

Final: parte terminal del sedal, a menudo la parte del hilo al que está atado el anzuelo. También se denomina *bajo de línea*.

Grumear: operación importante cuando se pesca con flotador. Si se utiliza el *cebador* (véase este), también se puede efectuar con la pesca de fondo. El grumeo sirve para atraer y retener a las presas cerca del sedal, así como para animarlas a picar el cebo.

Invitación: operación que el pescador realiza moviendo el cebo para «invitar» al pez a que pique. El movimiento estimula el espíritu agresivo del pez especialmente en los días menos propicios para la pesca.

Linterna de cabeza: accesorio muy práctico para la pesca nocturna en zonas inaccesibles donde sea dificultoso trabajar con comodidad. La linterna se mantiene en posición sobre la frente del pescador con gomas regulables, y la pila de alimentación se coloca detrás de la nuca. Las mejores son halógenas e impermeables.

Marea: bajo el influjo de la luna y de los astros, el mar sube y baja de nivel. Estos movimientos influyen en la actividad de los peces, aunque no siempre actúan del mismo modo. En las desembocaduras de los ríos o en los canales salinos cerca de las mismas desembocaduras, el pez que come con marea creciente en algunas localidades, en otras sucede justamente lo contrario. En algunos lugares la marea señala a menudo que el mal tiempo se acerca.

Nailon: la mayor parte de aparejos y sedales utilizados en las técnicas descritas en este libro está realizada en monofilamento de nailon. Siempre es mejor utilizar el tipo super de diámetro inferior. Debe lavarse después de pescar en agua dulce y protegerse de los rayos del sol.

Oxigenador: aparato portátil muy útil, con pilas, que enrique-

Recogida de una lija (foto F. Milanesi)

ce de oxígeno el agua que contiene determinados cebos como pequeños mújoles, gambas de roca, holoturias, a la espera de ser preparados. Es el mismo principio que se aplica en los acuarios, así pues, más que oxígeno se bombea aire dentro del agua, pero de cualquier forma es suficiente. Cuesta poco y vale mucho.

Picado: se dice del pez enganchado al anzuelo.

Plancton: se divide en zooplancton (de origen animal) y fitoplancton (de origen vegetal). Está compuesto por organismos cuyas dimensiones van de las microscópicas hasta algunos centímetros. A merced de las corrientes, forma la base de la cadena alimentaria y por consiguiente es importantísimo para la presencia o ausencia de peces.

Posidonia: género de plantas de la familia potamogenotáceas, con largas hojas en forma de cinta. Muy común en los fondos de casi todas las costas del Mediterráneo, es fundamental para la vida de muchos peces que en ella encuentran refugio, alimento, zona de deposición de los huevos, etc.

Potencia (de la caña): la potencia de la caña indica cuántos gramos de peso puede lanzar. De ordinario, la potencia indicada en la caña lleva un mínimo y un máximo, extremos entre los que el utensilio da los mejores resultados (por ejemplo, 5-15). Mientras que siempre se puede lanzar un peso específico inferior, es mejor no superar el máximo indicado para no debilitar la caña. La potencia también puede estar expresada con los términos ligera (de 0 a 15 g), media (15-40 g) y pesada (40-70 g).

Los carretes asimismo tienen una «potencia», pero pocas veces viene indicada, y su tamaño no está en relación con la potencia. Debido a la variedad de los modelos, en el momento de la compra el pescador deberá dejarse aconsejar por su proveedor de confianza.

Es importante que todo el conjunto caña-carrete-sedal esté equilibrado; es decir, no tiene sentido utilizar nailon fino, de baja resistencia, montado en un carrete potente y una caña rígida. El conjunto tiene que ser armónico no sólo por motivos principalmente prácticos, sino también para sacar de su uso el máximo placer y satisfacción.

Puntera: es el extremo más delgado de la caña. Se le llama puntera o cima.

Recoger: reunir el sedal cuando un pez ha picado.

Recogida: la acción del pescador que enrolla en el carrete toda o una parte del sedal.

Salabre: utensilio de importancia fundamental en todo tipo de pesca. Hay de muchos tipos, pero siempre está compuesto por una empuñadura, y una red. Pescando peces grandes y robustos, será necesario un salabre con boca ancha, fija (es decir, que no se doble, lo cual es incómodo para el transporte pero muy seguro) y con una red profunda. La empuñadura telescópica también deberá ser de una resistencia a toda prueba.

Por otra parte, pescando peces de talla pequeña en zonas quizá incómodas, se podrán utilizar salabres mucho más pequeños y plegables, fáciles de transportar desmontados y muy ligeros puesto que están fabricados con fibra de vidrio. Pero nunca se debe confiar, so pena de tener una gran desilusión, en que con el salabre se puede coger del mar un pez de 1 kg siendo un utensilio tan ligero.

Sedal: con esta palabra se indica todo el hilo del carrete hasta el anzuelo; se distingue el sedal principal o línea, que es la parte «muerta», es decir, la que no tiene accesorios y que sirve sólo para pescar, y la parte «viva», la que trabaja y que se divide en aparejo y final. Se dice «montar el anzuelo en la línea» cuando no hay emerillones ni finales sino que el sedal corre directo desde el carrete al anzuelo y lleva montados el lastre, los flotadores y el cebo.

Sedal para anguilas: antigua y divertida técnica de pesca de la anguila en las desembocaduras de los ríos (véase pág. 96).

Starlite **(o luz química):** se compra en sobrecitos de aluminio blando, y los hay de varios tamaños. Son tubitos de plástico transparente que contienen dos componentes químicos. El reactivo es una bolita situada en el interior del tubito; doblándolo ligeramente, la bolita se rompe y la combinación de los dos elementos da una luz verdosa visible a unos 10 m y que dura unas 10 horas. En la pesca nocturna, se utiliza sobre el flotador, en el lugar de la antena y también en la pesca de fondo, asegurada a la puntera para señalar sus movimientos. El sobrecito debería contener cinta adhesiva resistente al agua para fijarla mejor a los instrumentos.

Subir a flote: se dice cuando los peces llegan a la superficie (a flote). Hay peces a los que les gusta hacerlo a ciertas horas del día, especialmente al alba y al ocaso, señalando su presencia con saltos fuera del agua o con los burbujeos de la superficie, como sucede con los besugos y las bogas.

Otros, como la dorada, suben a flote durante su lucha con el hombre, dando la impresión errónea de que están fatigados. En cambio, regresan con fuerza y decisión hacia el fondo, rompiendo el sedal del incauto pescador que creía tenerlos ya en el salabre.

Muchos peces, entre ellos la anguila (pero también los congrios, las morenas y las lijas), se acercan a la orilla durante la noche perdiendo profundidad para después volver a sumergirse a mayores honduras cuando el alba se aproxima.

El pescador lo tiene en cuenta lanzando más adentro e intentando alcanzar más fondo en las primeras y en las últimas horas de la noche, mientras que en las centrales reduce la longitud de los lanzados y la profundidad del cebo.

Terminal: sinónimo de *final* (véase este).

Tirador cebador: este utensilio es indispensable para que el engodo llegue cerca del cebo o en la posición que consideremos más idónea para atraer al pez. Actualmente están muy especializados y hay diferentes tipos para lanzar pastas, bolas y larvas deshechas.

Para la pesca a la inglesa hay algunos tiradores capaces de lanzar el engodo a 70-80 m de distancia. Puesto que su coste es mínimo, es conveniente adquirir los mejores y tener siempre gomas de recambio, pues un día con el viento en contra y sin la honda, el engodo llega sólo a 4-5 m de distancia.

Toque (del pez): los ataques del pez al cebo, especialmente cuando no son muy decididos, se transmiten a la puntera o al flotador, que se mueven señalando que el pez aún no tiene el anzuelo en la boca. Estos ataques son definidos como «toques». El pescador debe esperar a la completa desaparición del flotador o a que el hilo se mueva tensándose y doblando la puntera antes de efectuar el *clavado* (véase este) y antes de empezar a recoger.

Tourpille: tipo de plomo de oliva en forma de gota (también de torpedo, de ahí su nombre francés) que se utiliza en la pesca con flotador cuando se quiere poner el cebo rápidamente y no es necesario un aparejo blando como en los graduales. Se introduce el nailon en el interior de la *tourpille*, que se fija por debajo del emerillón. Si la *tourpille* no está ya preparada es mejor interponer un trocito de tubo de silicona o de goma para evitar que el roce continuo lesione el nudo.

FICHAS DE LAS PRINCIPALES ESPECIES

Anguila

Descripción: cuerpo cilíndrico, largo y fino, muy plano en los costados hacia la cola. Las anguilas que viven entre las rocas son más cortas y gruesas, y las que viven en el fango son más largas y delgadas. Las aletas dorsal, anal y caudal están unidas. La piel lisa está recubierta de abundante *mucus* con un olor característico y desagradable. Hocico tubular y boca y cabeza pequeñas respecto al cuerpo. El macho alcanza hasta los 50 cm pesando entre 500-600 g, mientras que la hembra puede alcanzar y superar los 5 kg por 1,5 m de longitud.

Alimentación: gusanos, larvas, peces vivos y muertos, insectos, huevos de peces, intestinos de pájaros, ranas pequeñas y renacuajos, trozos de carne incluso en estado de putrefacción.

Los mejores cebos: lombrices de tierra, colas de sardas, medias anchoas.

Dónde vive: en las desembocaduras de ríos, canales y fosos tanto en el mar como en agua dulce, en las lagunas, en el fango y entre las rocas.

Técnica de pesca: de fondo, y por la noche o en días de temporal. Se lanza más adentro en las primeras horas de oscuridad y más cerca de la orilla a medida que avanza la noche, porque las anguilas disminuyen su profundidad a esas horas.

Nota: viven en agua dulce pero nacen y mueren en el mar de los Sargazos (teoría de Schmidt). Cuando se despierta en ellas el instinto de la reproducción, comienzan su larguísimo viaje. Al llegar a una zona muy precisa de América Central, con una profundidad variable entre los 2 y 3000 m (la enorme presión les permite emitir huevos y líquido seminal debido a que no poseen una musculatura expresa), realizan el rito nupcial y mueren. Las larvas, llamadas *leptocéfalos*, empiezan el viaje de vuelta hacia los mismos lugares donde vivieron los padres, que reconocen gracias a un *imprinting* excepcional en el olfato.

Cuando las hembras, por alguna disfunción, no emprenden el viaje por mar, se detienen cerca de las desembocaduras y aumentan su volumen por lo que son, obviamente, los ejemplares de mayor interés para el pescador.

Araña

La variedad de traquínidos presentes en el Mediterráneo son cuatro: araña, salvarriego, víbora y escorpión. Esencialmente se diferencian por el color y las dimensiones, además de los efectos y la la toxicidad de sus picaduras. Por su hábitat similar, daremos una única descripción.

Descripción: el cuerpo es ahusado, más bien aplanado en el vientre; la cabeza grande, así como los ojos y la boca, tiene un corte en forma de «V» invertida que acentúa —por así decirlo— una expresión agresiva y malvada.

La aleta dorsal es muy larga, ya que llega casi a la juntura de las pectorales, bien desarrolladas. Las ventrales son pequeñas y la caudal es alta y simétrica. La dorsal también es larga, sus primeros cinco radios, espinosos, están unidos a glándulas que inoculan una ictiotoxina. En los opérculos branquiales hay también otras espinas. A menudo, estos radios espinosos de la dorsal son de color negro.

La especie más grande puede superar los 50 cm hasta alcanzar los 2 kg, las otras son todas de dimensiones menores.

Alimentación: pez carnívoro, agrede a sus presas —incluso más grandes que ella—, las pincha con sus espinas, matándolas, y las devora. También come peces muertos, anélidos y moluscos cuando aún es pequeña.

Los cebos mejores: lista de calamar, sepia o jibia joven, media caballa y anchoa.

Dónde vive: de marzo septiembre, en las proximidades de la costa en fondos arenosos.

Técnica de pesca: de fondo y *surf-casting*.

Nota: hay que manejarla con extremo cuidado; en lugar de intentar sacarle el anzuelo, es mejor cortar el final dejando caer la presa en la red.

Las picaduras son muy dolorosas e incluso pueden provocar la muerte por paro cardíaco en sujetos débiles o ancianos. Se curan con inyecciones de antihistamínicos y se aconseja la visita a un médico.

Su carne es excelente.

Babosa

Descripción: pez muy feo que debe su nombre a estar recubierto por una mucosidad, cualquiera que sea su especie. De hecho, el nombre *babosa* se da a todos los peces del género «blénidos». La forma es común a todos, sólo cambia el color. El cuerpo es alargado, ligeramente comprimido a los lados; la cabeza grande con hocico corto y plano; la boca pequeña pero posee numerosos dientes. El hocico cuenta con apéndices sensoriales para la localización del alimento. Los ojos, salientes y grandes, están en la parte superior del hocico. La aleta dorsal puede ser única o estar dividida en dos, pero siempre parte de detrás de la cabeza y llega hasta el pedúnculo caudal. La ventral es simétrica a la dorsal. Las pectorales son grandes. La piel varía de mimética a colores espléndidos y dignos de un acuario.

Alimentación: pequeños moluscos y crustáceos, a veces huevos de otros peces.

Los mejores cebos: pequeñas larvas y finos gusanos de agua o trocitos de tremolina.

Dónde vive: en las cavidades de las rocas, muy cerca de la superficie, hasta un máximo de 5-6 m.

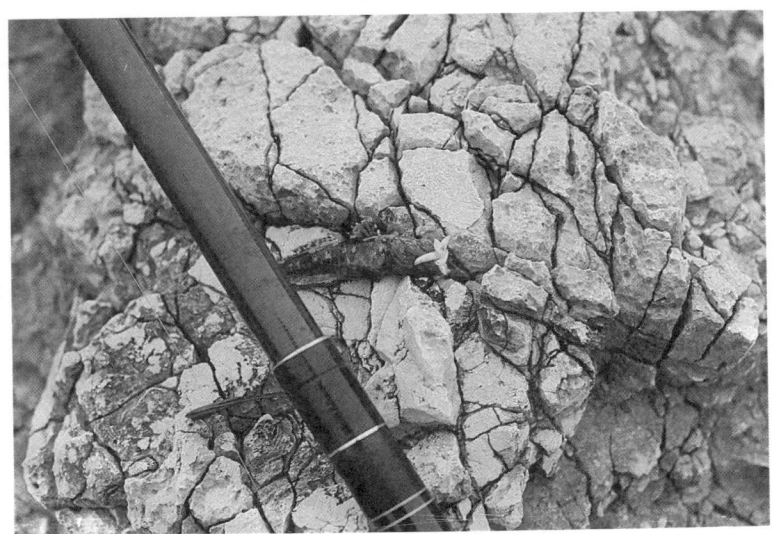

Una babosa ha picado un anzuelo con unas cuantas larvas de mosca (foto F. Milanesi)

Técnica de pesca: de fondo, o bien con pequeños flotadores, pero siempre con caña telescópica desnuda de dimensiones reducidas y sedales ligeros.

Nota: las babosas no tienen vejiga natatoria y por consiguiente se mueven con rápidos movimientos deslizantes por el fondo. Son peces muy interesantes para los participantes en competiciones así como para los principiantes, que deben efectuar el clavado rápidamente, en el momento en que sienten que el pez ha picado, porque de lo contrario corre a esconderse en su guarida y obliga a romper el final del sedal. Además, las babosas tienen la mala costumbre de engullir el cebo —y por consiguiente el anzuelo— casi hasta el estómago, haciendo que la operación de sacar el anzuelo sea muy cruenta o bien obligan a romper el final.

Besugo

Descripción: el cuerpo, marcadamente comprimido por los lados y de forma más o menos oval, es esbelto y ágil; la cabeza es proporcionada, con ojos grandes y boca pequeña y protáctiles de la mandíbula ligeramente sobresalientes. La aleta dorsal, única y larga, tiene la parte anterior recta con 11 radios espinosos y la posterior con 12 o 14 radios blandos; la aleta caudal está inserta en un sólido pedúnculo, cubierto por una característica mancha negra y bastante cortante con lóbulos puntiagudos; la espina anal tiene los tres primeros radios espinosos y los doce siguientes blandos; triangulares y bastante desarrolladas están las aletas pectorales; largas, en relación a la masa del pez, son las aletas ventrales.

El besugo es de color gris plateado brillante, más oscuro sobre el dorso y mucho más claro sobre los flancos y el vientre.

Es característica la mancha negra sobre el inicio de la línea lateral. Pez gregario, que vive en bancos de hasta centenares de peces, raramente supera los 30 cm de longitud y el medio kilogramo de peso.

Alimentación: omnívora.

Los mejores cebos: pan, pasta de pan y queso; todos los gusanos de mar de pequeñas dimensiones y finos; larva de mosca.

Besugo (foto F. Milanesi)

Dónde vive: delante de puertos y muelles, próximo a los cabos, puntas, promontorios, escolleras. Con preferencia sobre fondos rocosos o arenosos.

Está próximo a la costa de abril a octubre incluido y se captura en las primeras o en las últimas horas del día cerca de la superficie.

Técnicas de pesca: a la inglesa, con flotador o caña lanzada. Condiciones ideales: mar encrespado o menguado tras una marejada; calma con peces que señalan su presencia con característicos cercos sobre la superficie del mar. Se aconseja usar el equipo más delicado posible. Es importante el grumeo, que debe hacerse con pan ablandado en salmuera de boquerón o mezclado con pasta de boquerón y después sumergido en agua marina. Debe proporcionarse para estimular a los peces sin saciarlos. Los besugos viven en grandes bancos y por tanto difícilmente, pescando de forma correcta, se efectuarán capturas aisladas.

Boga

Descripción: el cuerpo de la boga es ahusado, más bien redondeado y poco comprimido a los lados, está cubierto por numerosísimas escamas pequeñas y finas. La cabeza y los ojos también son grandes, mientras que la boca, dirigida hacia arriba, es pequeña en proporción a las dimensiones del pez.
La aleta dorsal posee 13-14 radios espinosos y 13-16 radios blandos; la caudal está fuertemente bilobulada; la aleta anal tiene los tres primeros radios espinosos y los 15 siguientes blandos. Para un gran nadador como este, las aletas pectorales y las ventrales están poco desarrolladas. El vientre es blanco, mientras que los lados son de color plateado, y están surcados por cuatro o cinco estrías horizontales de color dorado.
Raramente la boga puede alcanzar los 45 cm de longitud por más de 500 g. La talla media oscila alrededor de los 150-200 g.

Alimentación: zooplancton y fitoplancton, algas, huevos de peces, pequeños crustáceos.

Los mejores cebos: *muriddu* portugués, coreana, tremolina, larva de mosca, trocitos de gamba, tiritas de calamar, pasta de pan y queso.

Dónde vive: en las cercanías de las costas tanto rocosas como arenosas, en bancos numerosísimos, a profundidad variable que va desde la superficie a los 100 m, aproximadamente.

Técnica de pesca: con flotador y caña de lanzado (son muy raras las zonas en las que el pez llega a la caña fija), con flotador plomado y a la inglesa. Es importante el grumeo para llamar o retener al banco cerca del sedal. En la pesca de las bogas, que tienen dientes pequeños pero cortantes y se capturan en grandes cantidades, es importante cambiar el terminal con frecuencia puesto que en cada captura se estropea por el contacto con los dientes. También es importante tener al alcance de la mano un trapo, porque cuando se coge con la mano, tiene la costumbre de dejar libre el esfínter vaciando los intestinos (quizá es un reflejo de defensa para sus depredadores), depositando un desagradable recuerdo en la palma de la mano del pescador.

La presencia de bancos de bogas está indicada por vistosos signos en la superficie provocados por los movimientos de estos peces. Cuando están en mar abierto se intenta que se acerquen echando engodo cada vez más cerca de la tierra; por ello siempre es conveniente tener un buen tirador cebador para lanzar el engodo, capaz de llegar al menos hasta los 80 m. Las mejores horas son las del ocaso.

Céfalos

Los representantes de la familia de los mugílidos en el Mediterráneo son cuatro, pero sólo tres tienen un interés efectivo para el pescador deportista. Sus nombres latinos son: *Liza aurata* (o galupe), *Mugil cephalus* (o mújol), *Chelon labrosus* (o lisa).

Aunque las técnicas de pesca sean muy parecidas aun sin ser las mismas, cambian tanto las dimensiones como el aspecto y sobre todo el valor alimentario de cada uno, por lo que los examinaremos por separado.

Nota: peces gregarios, viven en bancos numerosos, a menudo formados por ejemplares de la misma talla, guiados por unos pocos, mucho más grandes que los demás. Los peces del banco se mantienen al alcance del pescador con una buena obra de grumeo, y con el ojo siempre dirigido a las corrientes, para controlar dónde puede ir a parar nuestro engodo. De hecho, una corriente demasiado fuerte podría alejar al banco unos 10 m de donde nosotros estamos echando el sedal.

El grumeo debe ser ligero y fácilmente soluble, de manera que los peces no se sacien, pero se mantengan en estado de excitación.

Desanzuelado de un céfalo galupe capturado delante de una escollera (foto F. Milanesi)

Galupe

Descripción: el cuerpo es esbelto, elegante, de gran nadador, está cubierto por grandes escamas, con una cabeza relativamente pequeña respecto a las dimensiones, que pueden alcanzar los 50 cm, y al peso, que llega a superar, aunque por poco, el kilo. La primera dorsal es corta, con cuatro radios espinosos, alta y situada en la mitad de la espalda; la segunda, más atrás, posee de ocho a diez radios blandos. El pedúnculo caudal es fuerte y potente y la gran caudal está bifurcada; la aleta anal corta y simétrica a la segunda dorsal, las ventrales y las pectorales están bien desarrolladas. Un detalle importante para el pescador: tiene la boca pequeña. Los párpados adiposos, comunes a todos los mugílidos, están poco desarrollados.

El color es gris plateado brillante, con una mancha dorada en el opérculo branquial.

Alimentación: omnívoro.

Los mejores cebos: todos los tipos de gusano con la pesca de fondo; pasta de pan y queso si se utiliza flotador.

Dónde vive: el *Liza* se encuentra en las proximidades de cabos, puntas, promontorios, o bien en las desembocaduras de los ríos, que a veces sube adaptándose a los bajos niveles de salinidad (pero no así a la contaminación).

Técnicas de pesca: pesca de fondo; a la inglesa; con caña de lanzado y flotador.

Mújol

Descripción: parecido en la forma a la especie precedente, pero se distingue de ella por algunos detalles importantes:

a) los párpados adiposos están muy desarrollados y cubren completamente el ojo;
b) la segunda aleta dorsal tiene el primer radio espinoso;
c) el dorso es oscuro, casi negro; los costados son de color gris plomizo en los adultos y plateados sólo en los ejemplares más jóvenes, con estrías longitudinales más oscuras;
d) puede alcanzar los 8 kg de peso.

Alimentación: omnívoro.

Los mejores cebos: pasta de pan y queso, engodos agregantes preparados expresamente, pan; todos los tipos de gusano de mar y de tierra si la pesca es de fondo.

Dónde vive: se trata de un pez muy difundido, con una gran predilección por las salidas de las cloacas, los puertos, las desembocaduras, pero también por los ríos, que a veces sube durante cientos de kilómetros.

Técnicas de pesca: de fondo, con flotador y caña de lanzado; a la inglesa; con caña desnuda y flotador.

Nota: se ha hablado de la predilección del mújol por subir los ríos; en especial, desde mediados de los años ochenta, en pleno verano —alguna cuenca muy contaminada como por ejemplo el lago inferior de Mantua, en Italia— recibe la visita de un enorme banco de mújoles de gran talla, que aquí sólo comen a fondo, utilizando gusanos de mar.

El mújol, fuerte, combativo y divertido de pescar, tiene, debido a su hábitat, una carne pésima. En cambio, si se captura en aguas limpias es excelente.

Con la pesca de fondo su captura es relativamente fácil, pero con flotador, el mújol es probablemente el pez más desconfiado y uno de los que más cuesta de pescar desde la costa.

Los mejores meses para todos los céfalos son: marzo, abril, septiembre y octubre. La pesca de fondo se practica por la noche y en las primeras horas de la mañana; a medida que el sol sale, se separa del fondo hasta llegar a la superficie.

Pescando en canales y lagunas nos debemos informar sobre los horarios de las mareas y las costumbres de los mújoles de la zona, pues en algunos sitios sólo comen cuando la marea sube, y en otros cuando baja.

Lisa

Descripción: parecido a los precedentes en la forma, se distingue por:
a) un color muy oscuro, especialmente en las aletas;
b) los párpados adiposos, moderadamente desarrollados;
c) el hueso maxilar, bastante evidente incluso cuando tiene la boca cerrada;
d) puede alcanzar los 60 cm de longitud y los 3 kg de peso.

Alimentación: omnívoro.

Los mejores cebos: como los anteriores.

Dónde vive: soporta muy bien el agua dulce, tanto que se ha ambientado en algunos lagos.

Técnicas de pesca: como los anteriores.

Congrio

Descripción: pez anguiliforme con cabeza aplanada; ojos y boca grandes; cuerpo cilíndrico con una depresión marcada hacia la cola; aletas dorsal, caudal y anal unidas, las pectorales son pequeñas y no posee las ventrales.

Los labios del congrio son carnosos y blanquecinos como el vientre, mientras que el dorso y los costados son de color gris claro si el pez vive en la arena o en el fango y de color gris oscuro casi negro si permanece habitualmente entre las rocas.

La piel está desnuda, es decir, no tiene escamas, pero la tiene recubierta por un espeso estrato de mucosidad muy resbaladiza y maloliente.

El congrio alcanza fácilmente los 2 m de longitud y supera los 50 kg de peso.

Alimentación: voraz depredador, se alimenta de peces y moluscos tanto vivos como muertos, que muerde con una dentadura adaptada para retener y engullir a la presa.

Los mejores cebos: caballas enteras o cortadas por la mitad, bogas, pulpos pequeños, sepias, calamares y jibias jóvenes enteros o cortados a trozos si son grandes.

Dónde vive: entre las rocas, restos de naufragios, barreras artificiales, en fondos fangosos y arenosos, en las inmediatas cercanías de la costa, hasta 3000 m de profundidad.

Técnica de pesca: con aparejo de fondo, *surf-casting*, pero siempre con equipos muy resistentes. Nunca o casi nunca con luna llena, aunque de noche puesto que, como la anguila, es fotofóbico, es decir, huye de la luz y pasa las horas del día en guaridas profundas.

Nota: el congrio no tiene los músculos para expeler huevos y líquido seminal, por lo que la reproducción tiene lugar a una gran profundidad, donde la presión facilita su emisión. Por este motivo no se pueden tener congrios en un acuario, ya que en el período reproductivo mueren de septicemia. Fuerte, voraz y muy vital, es un adversario formidable, puesto que una vez cogido al anzuelo va a protegerse en las primeras rocas que encuentra y extraerlo no es nada fácil. Una vez capturado, para matarlo no se le debe golpear en la cabeza, sino practicarle un corte en la cola, donde hay un importante ganglio nervioso casi al descubierto.

El récord deportivo ha sido registrado en Inglaterra (más de 48 kg) con caña y carrete, en fondo arenoso. De todas formas, en otros lugares se han registrado capturas superiores a los 30 kg.

Corvina

Descripción: pez hermoso y elegante que puede alcanzar los 50 cm por 4 kg. El dorso de la corvina es arqueado, la cabeza relativamente pequeña con boca mediana y dientes pequeños; el ojo es grande y expresivo, los labios mucho más claros que el resto de la cabeza que, como el cuerpo, es de color bronce con reflejos dorados, casi blancos, como el margen anterior de las aletas ventrales. La dorsal es única, pero con un marcado hundimiento que divide la parte espinosa, con 10-11 radios, de la blanda, que tiene 24-25 radios. La caudal es alta y fuerte, mientras que la anal tiene la dimensión reducida de las ventrales. Las pectorales son pequeñas. La forma y las dimensiones de las aletas demuestran la fuerza del pez y su sedentarismo.

Alimentación: pequeños peces muertos, crustáceos, moluscos y gusanos.

Los mejores cebos: gambas de roca, trozos de langostino, mejillones sin cáscara, *muriddu* tierno, tremolina, larva de mosca.

Dónde vive: en amplias y profundas guaridas entre las rocas, nunca demasiado lejos de la costa, compartiendo el hábitat con el sargo. Prefiere las escolleras que se levantan sobre fondos de arena, con posidonias raras y restos de naufragios.

Técnica de pesca: se pesca casi sólo por la noche, tanto con flotador como con la técnica de fondo, con caña o con aparejos ligeros.

No es una presa habitual, debido a las características de su hábitat, pero se trata de un pez muy difundido a lo largo de nuestras costas y es una presa codiciada tanto por las dimensiones que alcanza como por la exquisitez de su carne.

Doncella

Descripción: este pequeño pez, que raramente alcanza los 25 cm de longitud (con una talla media de las capturas en torno a los 15 cm), tiene el cuerpo alargado, más marcadamente comprimido a los lados cuando es joven. La cabeza es cónica con ojos y boca pequeña; la boca tiene numerosos dientes que cortan los terminales del sedal. Son evidentes los caninos, que en los ejemplares más grandes sobresalen de sus gruesos labios.

Tiene la aleta dorsal muy desarrollada; la caudal es alta y fuerte en relación a las dimensiones del pez; las pectorales, las ventrales y la anal también están bastante desarrolladas.

El color es vistoso, con dorso verde, vientre plateado, costados oscuros con reflejos azulados, surcados por una línea horizontal que puede ser rosa o anaranjada.

Sin embargo, el color de la piel puede cambiar según los hábitos sexuales del pez, que en este sector, como veremos, tiene una vida intensa y un poco especial.

Alimentación: gusanos, pequeños crustáceos, moluscos.

Los mejores cebos: larvas de mosca, gusanos de mar, lapas arrancadas de las rocas.

Dónde vive: entre las rocas en medio de las matas de posidonias, pero siempre cerca de rocas tanto emergentes como sumergidas.

Algunas doncellas en su ambiente natural: este pez no es desconfiado y ataca los cebos con voracidad (foto A. Colla)

Técnica de pesca: con caña de lanzado y flotador, pero con el cebo rasante se consigue, en el fondo, cerca de las rocas.

Nota: la doncella posee varios nombres locales, poco publicables, pero todos de gran colorido.

La ciencia, después de haber creído durante mucho tiempo que se trataba de peces diferentes, ha llegado a la conclusión de que la doncella nace siendo hembra (de ordinario) y muere siendo macho (de ordinario), pero también pueden transcurrir largos períodos como hermafrodita. En los períodos de inversión sexual, el color de la piel es muy discreto, los colores están apagados y el pez también está menos activo. Pero con frecuencia ataca al cebo de forma agresiva y voraz, y se defiende de manera muy superior a su tamaño, con fugas laterales imprevistas y divertidas, hasta el punto de que justifican su pesca.

Es excelente tanto guisada como con mantequilla.

Dorada

Descripción: pez muy hermoso, elegante y fuerte, con el cuerpo marcadamente comprimido y muy alto (el punto de máxima altura está detrás de la cabeza, tiene el pedúnculo caudal más bien largo y el punto de máxima depresión es lateral).

La cabeza y los ojos son grandes, la boca mediana, con dientes caninoformes delante y molariformes en el interior; maxilares muy fuertes.

La aleta dorsal, única, empieza en el punto de máxima altura del pez; la anal es corta, las ventrales y las pectorales están desarrolladas; la caudal es alta, con lóbulos puntiagudos.

Puede alcanzar los 70 cm y los 10 kg en casos excepcionales.

El color es gris oscuro en el dorso, en los costados plateado, casi blanco en el vientre, con una característica mancha dorada entre los ojos; en la cabeza tiene otras más pequeñas, además de dos manchas de color rojo anaranjado que se encuentran en los opérculos branquiales.

Alimentación: moluscos, crustáceos y gusanos.

Los mejores cebos: mejillones, americana, membrana de holoturia, gusano de Rímini, colas de anchoa, trozos de sepia, pulpo, calamar, jibia joven, cangrejos de arena, ermitaños.

Dónde vive: muy difundida en el Mediterráneo, la dorada nunca abandona las costas en todo el año, sean cuales sean los fondos.

También es frecuente encontrarla cerca de criaderos de mejillones, donde a menudo se convierte en un peligro económico.

En pleno verano y en pleno invierno, se aleja buscando aguas más profundas.

Técnicas de pesca: de fondo; *surf-casting*; con aparejo. Raramente con flotador y casi siempre ejemplares pequeños.

La dorada siempre tarda en picar, puesto que a este pez le gusta darle vueltas al cebo varias veces en la boca. Por este motivo y por la gran potencia de sus mandíbulas, que desmenuzan fácilmente las cáscaras de los mejillones así como pinchos y cáscaras de erizos, se utilizan anzuelos especiales, muy resistentes de acero inoxidable con la punta doblada, por lo que mientras el pez le da vueltas al cebo en la boca no se lastima. Cuando pica, se debe efectuar el clavado con mucha decisión para que el anzuelo llegue a la callosa cavidad oral.

Nota: Es una de las presas más codiciadas del Mediterráneo por su calidad. Los mejores meses para pescarla van de septiembre a noviembre-diciembre.

Escórpora

Descripción: pez muy feo, tiene la cabeza grande, así como los ojos y la boca (los ojos, en el extremo superior de la cabeza, poseen dos apéndices sensoriales). La aleta dorsal es larga y su primera parte, de mayores dimensiones, está ligeramente más deprimida que la segunda.

El cuerpo, detrás de la cabeza, se eleva en una marcada joroba. El pedúnculo caudal es largo y grande, la aleta caudal alta y robusta, la anal simétrica a la segunda parte de la dorsal y las pectorales están muy desarrolladas.

Tiene la cabeza desnuda, es decir, no está revestida por escamas, mientras que los extremos de las aletas, de los opérculos branquiales, etc., están provistos de espinas puntiagudas que provocan picaduras dolorosas y causan hinchazones. Desprovisto de vejiga natatoria, se desplaza con movimientos deslizantes rápidos por el fondo. Color pardo-marrón.

Alimentación: carnívoro, se nutre de moluscos, crustáceos, gusanos, peces vivos y muertos, huevos de peces.

Los mejores cebos: varios tipos de gusanos, trozos de peces, larvas de mosca, mejillones y lapas sin cáscara, restos de sepia, jibia joven y calamar.

Dónde vive: entre los escollos y las algas, cerca de la costa, desde 1 m hasta unos 10 m.

Técnica de pesca: de fondo, con equipo ligero.

Una escórpora roja en su ambiente natural (foto A. Colla)

Nota: la escórpora o rascacio, que a duras penas alcanza los 20 cm, tiene un sentido del territorio muy desarrollado y un espacio individual muy preciso, por lo que una vez capturado uno hay que echar el sedal a unos metros de distancia para poder encontrar otro.

El mismo hábitat está compartido por ejemplares jóvenes de la escórpora roja, muy parecida, pero que puede alcanzar el medio metro de longitud por 2-3 kg de peso y tiene un color rojo o rojizo. Es mucho más apreciada y no sólo por las dimensiones.

En las horas nocturnas de los meses de verano, de otoño y de la primavera avanzada, los más grandes también se acercan a la costa y pueden ser capturados entre las posidonias y las rocas, siempre con la técnica de la pesca de fondo.

Hay que estar precavido con las picaduras de las numerosas espinas tanto de la escórpora negra como de la roja.

Gobio

Descripción: forman parte de la familia de los góbidos, que en el Mediterráneo cuenta con unas cuarenta especies diferentes con características muy parecidas, diferenciándose esencialmente por el color de la piel.

La cabeza es grande respecto al cuerpo, ahusado, con ojos sobresalientes y situados en lo alto; la boca grande tiene una mandíbula saliente y varias hileras de pequeños dientes.

Los gobios poseen dos aletas dorsales, con la primera más corta y alta, la caudal redondeada y las ventrales unidas.

La talla media oscila en torno a los 15 cm, pero algún ejemplar alcanza los 27 cm.

El color de la piel está muy diversificado, va desde el amarillo dorado al gris y del marrón claro al pardo oscuro.

Alimentación: gusanos y pequeños moluscos.

Los mejores cebos: larva de mosca, pequeños gusanos acuáticos, trocitos de tremolina, mejillones o lapas sin cáscara.

Dónde vive: en las cavidades de las escolleras tanto naturales como artificiales, en fondos arenosos (no confundirlo con las arañas: véase pág. 129) y fangosos, en lagunas y también en las desembocaduras de ríos, a los que a menudo sube durante algunos kilómetros.

Técnica de pesca: de fondo con caña desnuda o carrete (véase babosa).

Lija

Descripción: la cabeza es corta, redondeada, ancha y deprimida, con ojos pequeños; la boca, situada por debajo es ancha y posee unos 800 dientes. Las dos aletas dorsales están muy atrás. El cuerpo es bastante macizo pero hacia la cola se vuelve más fino hasta el punto de determinar movimientos sinuosos en un pez poco elegante. La aleta caudal, que se encuentra bajo el pedúnculo, es atípica; la anal es simétrica a la segunda dorsal y las pectorales están muy atrás.

La piel es muy abrasiva.

La lija puede alcanzar 1,50 m de longitud pero no es frecuente, con un peso de 8-10 kg. Ejemplares de 1,20 m por 5-6 kg deben considerarse raros.

El color varía del gris claro al pardo ceniciento, a veces con estrías rojizas y manchas. El vientre es blanquecino.

Alimentación: peces vivos y muertos, gusanos y moluscos.

Los mejores cebos: trozos de caballa o boga.

Dónde vive: en fondos rocosos de 10 a 400 m de profundidad, así como en fondos fangosos. Es bastante frecuente bajo las costas cerca de escolleras, con tal de que puedan descender rápidamente hacia el fondo, o bien lo hallamos delante de costas rocosas bajas, a 50-100 m de la orilla.

Técnica de pesca: de fondo, con lanzados largos; en pleno invierno también con aparejos. Debido a su tendencia a refugiarse en su guarida y a la discreta dentadura, se necesitan equipos pesados y resistentes, como para el congrio y la morena.

Nota: se trata del único escualo, aunque sea pequeño e inofensivo, que se puede capturar con frecuencia pescando desde la costa.

De costumbres netamente nocturnas, es muy perezoso y su defensa está basada esencialmente en giros sobre sí mismo, que se transmiten a lo largo del sedal de forma característica.

Lubina (o róbalo)

Descripción: pez esbelto, elegante y con una línea agresiva, es uno de los más preciados del Mediterráneo. Puede alcanzar el metro de longitud por 10 kg de peso, pero incluso en los ejemplares más grandes el perfil es fino, con el cuerpo sólo moderadamente comprimido a los lados. La cabeza está proporcionada, con la mandíbula prognata, el ojo grande, vivo y curioso. Las aletas dorsales son dos; la primera tiene 8 o 9 radios espinosos, la segunda dos espinosos y de 12 a 14 blandos. La caudal es potente pero no muy alta, dividida en lóbulos redondeados; la anal presenta los primeros tres radios espinosos y los siguientes 10-12 blandos, y está ligeramente respecto a la segunda dorsal. Tanto las ventrales como las pectorales son pequeñas respecto a las dimensiones del pez.

El color de la lubina varía en diferentes tonalidades de gris según el hábitat, desde el plomizo al gris plateado.

Alimentación: carnívora, se nutre de peces vivos y muertos, crustáceos, gusanos.

Los mejores cebos: gamba de roca *(Palaemon serratua)*, mújol pequeño vivo, cola de sarda, media anchoa, larva de mosca, a veces anélidos tanto de mar como de tierra.

Dónde vive: cerca de la costa en casi todos los tipos de fondo, dentro y fuera de los puertos, alrededor de las escolleras naturales y artificiales, en las desembocaduras de los ríos que a veces sube algunos kilómetros, en las lagunas.

Técnicas de pesca: con flotador y caña de lanzado, de fondo. Las mejores horas son las del alba, del ocaso y las nocturnas.

La técnica de pesca de fondo, tanto con caña como con aparejos, está indicada en el interior de los puertos, cerca de las amarras de los barcos pesqueros, anzuelando una media caballa o una anchoa, y en el interior de las desembocaduras de los ríos.

En cambio la pesca con cebo vivo debe preferirse desde las playitas emplazadas entre escolleras altas o bajas, desde los muelles, desde los rompeolas, etc.

De noche, se utilizan los flotadores luminosos.

Un cebo mortal es la gamba de roca viva, anzuelada por la cola, también un mújol o una anguila pequeños. El cebo debe estar bastante cerca del fondo, pero sin tocarlo para evitar que se esconda.

El equipo debe ser resistente puesto que la lubina, como hemos visto, alcanza grandes dimensiones.

Nota: la lubina, hermafrodita, se reproduce durante el invierno. El pescador que respete el medio ambiente evitará pescarla en este período. Además, aunque la ley no establece una medida mínima —aunque debería— es una buena norma liberar a los ejemplares de peso inferior a 600-700 g.

Mármol

Descripción: el cuerpo de este espárido (familia que también comprende a los sargos, la dorada y el dentón) está marcadamente comprimido en los lados y más bien elevado; la cabeza es grande con ojos pequeños, situados hacia arriba y bastante retirados respecto a la cabeza.

La boca es grande, dotada de labios gruesos y una fuerte dentadura.

La cola es alta, bilobulada; las aletas anales y ventrales son cortas, las pectorales finas y largas; la dorsal tiene unos 12 radios espinosos hacia la cabeza y 12 más blandos.

El color de la piel es tan característico que hace que sea reconocido inmediatamente: los costados de color gris plateado, dorso ligeramente más oscuro, vientre claro, con 12 o 14 estrías verticales negras en los costados.

Puede alcanzar los 30-35 cm y un peso de medio kilo. En general el mármol nace macho para posteriormente volverse hembra.

Alimentación: gusanos, pequeños crustáceos, moluscos, algas, huevos de peces.

Los mejores cebos: arenícola, *muriddu*, americana (sólo de noche), tremolina, larva de mosca.

Dónde vive: prefiere los fondos arenosos desde la superficie hasta los 30 m de profundidad como máximo, en especial desde mayo hasta todo el mes de octubre.

Técnica de pesca: *surf-casting*; de fondo; sobre todo por la noche. Se prefieren los períodos con contramarejada, cuando el agua está enturbiada por el movimiento de las olas pero ya ha vuelto casi a la calma. En esos momentos, el mármol aprovecha para alimentarse ya que las oleadas han movido el fondo dejando al descubierto gusanos y otros animalitos que normalmente viven bajo la arena. En la práctica, se trata de un grumeo natural que excita al pez y lo incita a picar.

Debido a que vive en bancos, cuando se consigue una captura, probablemente se efectuarán otras en la misma zona.

Morena

Descripción: inconfundible pez serpentiforme de piel marrón con jaspeados negros, grisáceos y marrón claro.

La cabeza es muy pequeña, con boca saliente, dientes finos y cortantes aptos para retener a la presa, doblados parcialmente hacia el interior; ojos pequeños y retirados. Detrás de la cabeza se levanta una giba y empieza el cuerpo semicilíndrico cada vez más comprimido hacia la cola. Puede alcanzar 1,50 m y los 10 kg. Las aletas dorsal, caudal y ventral están unidas.

Narices tubulares evidentes. La musculatura es potente, pero este pez no es un gran nadador. La costumbre de estar con la boca abierta y los dientes dirigidos hacia fuera en forma amenazadora, que ha llegado a ser célebre en muchos documentales, es en realidad una necesidad fisiológica; la morena no puede mover las branquias y como consecuencia debe tener la boca abierta para que el agua circule y se oxigene.

Alimentación: peces y moluscos vivos y muertos.

Los mejores cebos: tentáculos de pulpo, trozos de sepia, calamar y jibia joven o ejemplares enteros, medias bogas, medias caballas, anchoas enteras.

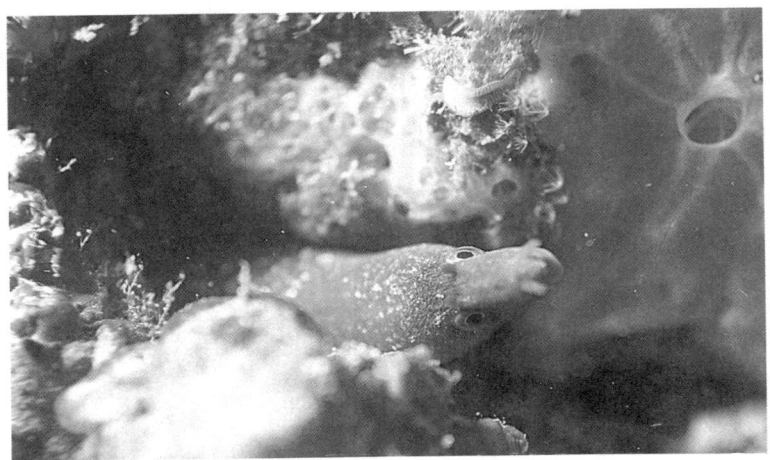

Una gran morena en su ambiente natural. Véanse las narices tubulares en primer plano. La morena comparte tanto el hábitat como las costumbres (nocturnas) del congrio. A pesar de su mala fama, no es de ningún modo agresiva, pero cuando está fuera del agua se defiende con potentes mordeduras (foto A. Colla)

Dónde vive: entre las rocas, en profundas cavidades oscuras en donde pasa el día, huyendo de la luz y saliendo por la noche para buscar comida.

Prefiere escollos, diques artificiales o rocas que tengan delante de ellas fondos arenosos y/o rocosos y con posidonias.

Técnicas de pesca: aparejo; de fondo.

Nota: la morena, a menudo muy calumniada, es en realidad un pez muy tímido y pacífico. Pero reacciona a la captura mordiendo todo lo que se le pone por delante, incluyendo las manos del pescador. Su mordedura no es venenosa, pero las características del paladar hacen que retenga restos de comida en putrefacción, por lo que las heridas hechas con sus dientes a menudo se infectan.

Al igual que el congrio y la anguila, para dejarla fuera de combate se le debe golpear en la cola.

Si logra refugiarse en su guarida, muy difícilmente se la podrá sacar, por tanto la tracción, una vez que se la haya anzuelado, debe ser fuerte y constante. Su defensa se basa en ocultan en la guarida, pero si pica entre las posidonias, se enreda junto con el sedal alrededor de ellas de forma increíble intentando liberarse.

Perca

Descripción: la cabeza es grande en relación a las dimensiones del cuerpo (casi un tercio del total), con boca grande bien armada de pequeños dientes; el ojo es mediano. La aleta dorsal está desarrollada y posee 10 radios espinosos y 13 o 14 blandos; la caudal, con un gran pedúnculo, es alta y llena; la anal tiene los primeros tres radios espinosos y los siete restantes blandos; las pectorales y las ventrales son medianas.

Parecido a otros peces pequeños que comparten el mismo hábitat, la perca se reconoce inmediatamente por el color, que es marrón, con estrías verticales de color amarillo anaranjado, y la pupila rojo oscura.

En raros casos alcanza los 25 cm, pero su talla media está en los 15 cm.

Alimentación: peces vivos y muertos, moluscos, huevos de peces, gusanos y crustáceos.

Los mejores cebos: *muriddu*, coreana, tiras de jibia o sepia joven, lapas sin cáscara.

Dónde vive: muy difundido a lo largo de toda Europa, excepto la península ibérica y la parte septentrional de Escandinavia con tal que haya rocas, escolleras naturales o artificiales y posidonias.

Una perca; este pez de escollo está muy difundido incluso en los bancos de posidonias (foto F. Milanesi)

Técnicas de pesca: clásico pez para principiantes o concursantes, la perca pica con entusiasmo tanto los cebos echados en el fondo como los que están sostenidos por un flotador, cerca del fondo. Siempre con caña de lanzado. Se pesca en todos los meses del año.

Platija

Descripción: pez plano que nada manteniendo en el fondo el lado izquierdo, de un color blanco sucio; así pues, muestra el lado derecho de color marrón oscuro, en el que se encuentran los ojos (el derecho más adelantado).

Pero como todos los peces planos, el lado dirigido hacia arriba tiene la piel recubierta por cromatóforos, células pigmentadas capaces de cambiar de color para favorecer su mimetismo en diferentes ambientes.

La cabeza es pequeña, el cuerpo oval completamente rodeado por las aletas; la caudal es mediana, en forma de espátula, y tanto las ventrales como las pectorales son pequeñas.

Puede alcanzar los 2 kg de peso en el Mediterráneo, mientras que en el Atlántico puede superar los 15.

Alimentación: depredador, se nutre de pequeños peces, huevos de peces, gusanos, crustáceos y moluscos.

Los mejores cebos: lombriz de tierra, todos los gusanos de mar, colas de sardas y anchoas, colas de gamba peladas y almejas sin cáscara.

Dónde vive: en aguas saladas, salinas y dulces de fondos arenosos. Los mejores sitios durante la primavera, verano y primeros días de otoño son las largas playas; en los meses más fríos es mejor ir a buscarla cerca de desembocaduras y lagunas.

Técnicas de pesca: *surf-casting*; de fondo. Hay que lanzar lo más adentro posible y por tanto puede ser necesario utilizar lastres muy pesados, pero los anzuelos siempre tienen que ser de medidas reducidas porque la boca de la platija es pequeña, a pesar de que sea un depredador voraz.

Una vez engullido el cebo, se queda quieta y no da señales de haber picado; así pues, hay que controlar el sedal periódicamente puesto que puede estar enganchada sin que nos hayamos dado cuenta. Bastante combativa cuando se recoge, es muy codiciada por la calidad de sus carnes, siendo el único pez plano que se puede pescar con éxito y con frecuencia en nuestras aguas; en muchas zonas del Adriático es casi la única presa posible.

Salmonete (o trilla)

Descripción: el cuerpo es alargado, un poco comprimido a los lados, con la cabeza grande y deprimida. La boca, más bien pequeña, es parcialmente protráctil y debajo del labio inferior se encuentran dos apéndices sensoriales, que se observan a simple vista, destinados a ayudar al pez en su búsqueda de alimento bajo el fango o la arena. Considerables escamas fácilmente caducas.

El ojo es grande. Las aletas dorsales son dos: la primera es corta y la segunda más larga con un radio espinoso y 10-12 radios blandos.

El salmonete de fango se distingue del salmonete de roca, presa mucho más rara, por tener la cabeza menos deprimida y el color grisáceo con evidentes matices amarillentos. También alcanza dimensiones superiores, debido a que en aguas más cálidas puede llegar a los 40 cm.

Alimentación: pequeños gusanos de mar.

Los mejores cebos: coreana, brasileña, larva de mosca.

Dónde vive: en fondos arenosos y fangosos de las cercanías de la costa, hasta 250 m de profundidad.

Técnica de pesca: de fondo, con equipos sensibles, ligeros, y anzuelos pequeños.

Nota: la trilla es un pez pequeño y no muy luchador, pero su valor gastronómico hace que valga la pena poner gran interés en pescarlo. A veces, en fondos arenosos emplazados junto a costas rocosas, se encuentran bancos de trillas de roca, de color rosa fuerte.

Estas son más pequeñas pero mucho más preciadas que las primeras que viven en el fango, y sin duda merecedoras de una pesca específica.

Para atraerlas, una vez llevado a cabo el lanzado, se deja que el sedal llegue al fondo, empezando a recoger sedal a pequeños tirones.

El lastre, arrastrándose en la arena, levanta una nubecilla que atrae a los peces, que encuentran el cebo y pican. Con este sistema también se atrae a los mármoles.

Salpa

Descripción: cuerpo esbelto, redondeado y comprimido incluso en los ejemplares de mayor dimensión; cabeza y boca pequeñas. La aleta dorsal posee 12 radios espinosos y 14-15 radios blandos. El pedúnculo caudal es largo y tiene una cola mediana con lóbulos agudos. La aleta anal está formada por tres radios espinosos y 15 blandos. Las ventrales y las pectorales están bastante desarrolladas.

El color plateado, con reflejos azul acero en los costados y el dorso, es muy bello; en los costados hay unas 10 estrías doradas longitudinales, mientras que el vientre es blanco.

Las aletas son muy claras.

Este vistoso colorido traiciona fácilmente a la salpa, permitiendo que el pescador, fuera del agua, divise los bancos de salpas cuando se alimentan.

Puede alcanzar, aunque muy raramente, el medio metro de longitud por 2-3 kg de peso. Pez gregario, vive en bancos muy numerosos.

Alimentación: sobre todo algas, pero también larvas y pequeños crustáceos.

Los mejores cebos: el preferido es una alga filiforme, la *Enteromorpha compressa*, pero su utilización va unida a una larguísima experiencia. Es mejor utilizar las larvas de mosca, migas de pan y engodo.

Un banco de salpas cerca de una escollera. Este pez es esencialmente gregario y, una vez efectuada una captura, sin duda le seguirán otras (foto A. Colla)

Dónde vive: muy difundida a lo largo de las costas rocosas a baja profundidad, cerca de vastos herbazales.

Técnica de pesca: caña con flotador y anzuelos relativamente pequeños.

Nota: la salpa es un pez que también sufre (por así decirlo) la inversión sexual. Nace macho y después se vuelve hembra. El período mejor para la pesca va de marzo hasta todo septiembre.

Sargos

Los sargos presentes en las aguas mediterráneas son generalmente cinco. El más grande de los sargos, conocido como «faraón» *(Diplodus cervinus)* se encuentra sólo en las aguas más cálidas y en tales cantidades que no es clasificable como presa de pesca deportiva (desafortunadamente, puesto que puede superar los 5 kg).

En cambio, todos los otros representantes son presas «clásicas» para el deportista y se pescan con gran interés. Aun siendo una presa poco común para la pesca profesional, sin embargo están muy difundidos a lo largo de todo el litoral español en los fondos de roca e incluso van en aumento en ciertas zonas.

Los examinaremos con gran atención, por su notable valor alimentario y gastronómico.

Raspallón

Descripción: se trata del representante más pequeño del género diplodus; alcanza como máximo los 15-18 cm. Es de color amarillo dorado con aletas un poco más claras y una mancha negra en el pedúnculo caudal; el cuerpo está marcadamente comprimido en los lados, tanto que el pequeño pez recuerda casi a un espejito circular. Muestra su vientre a poca profundidad, revelando su presencia con resplandores dorados. La aleta dorsal es única, con 13 radios espinosos y 14 blandos.

Alimentación: gusanos, moluscos, pequeños crustáceos, a veces incluso algas.

Los mejores cebos: coreana, brasileña, tremolina, larva de mosca, pasta de pan y queso, lapas sin cáscara.

Dónde vive: cerca de los puertos y en su interior, en desembocaduras, lagunas, zonas de posidonias, etc., siempre a baja profundidad.

Técnicas de pesca: con flotador y caña desnuda o con carrete, utilizando un equipo ligero y anzuelos pequeños. En general se captura junto a percas, doncellas, tordos marinos, etcétera.

Presa común a cualquier hora del día y en todas las estaciones.

Sargo picudo

Descripción: debe su nombre a la forma de la cabeza, tan característica que lo distingue inmediatamente de su familia. De hecho el hocico es muy puntiagudo. El cuerpo también es más esbelto que el de los otros sargos. Las restantes características no varían: cuerpo muy comprimido lateralmente, 8-10 bandas verticales oscuras en los costados, dimensión máxima de unos 40 cm por 1 kg de peso, dorso gris oscuro o a veces verdoso, costados cada vez más claros hasta llegar al vientre plateado, aleta dorsal única y larga. La aleta caudal y la anal tienen el borde listado de negro, así como la segunda parte de la dorsal, que es la que posee los radios blandos.

Alimentación: omnívoro.

Los mejores cebos: brasileña, *muriddu*, pasta de pan y queso, gusano de Rímini, tita, larva de mosca, mejillón sin cáscara.

Dónde vive: preferentemente delante de costas rocosas bajas, en fondos mixtos de rocas, arena y posidonia, desde los 5 a los 60 m de profundidad.

Técnica de pesca: de fondo. Difícilmente es objeto de una pesca específica ya que no es un pez gregario y es bastante errante, a diferencia de sus primos. Junto con el sargo mayor es el que se defiende de forma más divertida y combativa.

Mojarra

Descripción: reconocible de inmediato por una ancha faja negra detrás de la cabeza. Su talla media es inferior al mayor de los sargos pero se le parece por la forma. Se distingue por el color de la piel, que está compuesto de un fondo gris plateado surcado por finas estrías doradas verticales. Alcanza los 30-35 cm.

Alimentación: gusanos, huevos de peces, moluscos, a veces crustáceos.

Los mejores cebos: brasileña, larva de mosca, *muriddu*, coreana, pasta de pan y queso, membrana de holoturia.

Dónde vive: entre los 10 y los 100 m de profundidad a lo largo de las escolleras ricas en guaridas y sinuosidades. Pez gregario, lleva una vida estable y sedentaria.

Técnica de pesca: de fondo, mejor en las horas nocturnas,

Una mojarra mientras se desliza lentamente en una grieta entre las rocas; este preciado espárido está muy difundido en nuestras costas y en ciertas zonas la especie va en aumento (foto F. Milanesi)

con equipos bastante resistentes para evitar que se refugie en su guarida.

Sargo mayor (o real)

Descripción: pez muy bonito, que puede alcanzar el kilo y medio de peso; está marcadamente comprimido a los lados; el hocico es bastante grueso, con boca pequeña respecto a las dimensiones totales pero fuerte y armada con dientes molariformes e incisivos de gran potencia. Aleta dorsal única, cuya primera parte está sostenida por 14-15 radios espinosos y unos 12 blandos; aleta anal simétrica a la segunda parte de la dorsal, ventrales medianas y muy desarrolladas las pectorales; la caudal más bien alta y dividida en lóbulos puntiagudos.

El color es gris verdoso, con los costados plateados surcados por 7-8 bandas verticales negras que se hacen menos evidentes cuando la talla aumenta.

Alimentación: moluscos, crustáceos y gusanos.

Los mejores cebos: tita, gusano de Rímini, americana, mejillones sin cáscara, membrana de holturia, lapas sin cáscara, pasta de pan y queso, anchoas, daditos de emmental o de queso de oveja fresco, gambas de escollo.

Dónde vive: en fondos rocosos o mixtos de arena, grava y roca en las proximidades de la costa, de 10 a 60 m de profundidad. La máxima concentración se encuentra en la faja entre los 20 y 40 m. Pez gregario en su juventud, cuando aumenta su talla vive en pequeños bancos de dos a cuatro individuos o bien aislado.

Técnica de pesca: *surf-casting* de día y de noche con contramarejada; de fondo por la noche y con flotador luminoso tanto con mar calmado como —mucho mejor— con contramarejada. Durante las marejadas y durante el día, desde las rocas.

Los mejores meses son junio hasta la primera mitad de julio, y la segunda mitad de septiembre hasta diciembre.

El sargo mayor, junto con la dorada y la lubina, son sin duda alguna los más codiciados por los pescadores mediterráneos y con toda razón, puesto que alcanzan tallas muy interesantes y su carne es excelente.

Tordo

A la familia de los lábridos pertenecen unas veinte especies diferentes, casi todas sujetas a la inversión sexual, por lo que, en el curso de su vida, cambian el color de la piel de tres a cuatro veces.

Un gran lábrido de la variedad más difundida y una pequeña doncella (foto A. Colla).

De ello se deriva la imposibilidad de dar en este libro una clasificación y una descripción digna de consideración.

Se reconocen por tener los labios grandes y salientes (de ahí el nombre de *lábridos*).

El nombre vulgar, *tordos*, viene del dialecto toscano y está originado por la ingenuidad de estos peces que pican fácilmente los sedales de los principiantes.

Difundidos en donde haya rocas y/o posidonias, la mayor parte de los tordos tiene un valor alimentario ínfimo.

Una vez capturados pescando otras especies más preciadas, es oportuno sacarles el anzuelo y devolverles la libertad.

Por lo que se refiere a los cebos y a las técnicas, véanse la doncella y la perca.